Ce livre reprend des épisodes de la série animée *1 jour 1 question*, une coproduction Milan et France Télévisions.
Les textes des bandes dessinées ont été écrits par les journalistes de la rédaction *1 jour 1 Actu*.
Textes des pages repères et suivi éditorial : Sophie Dussaussois.
Infographies des pages repères : Olivier Huette.

Réalisation et dessin : Jacques Azam.

Pour Milan Presse
Production déléguée et exécutive : Marie-Anne Denis, Pascal Ruffenach.
Direction d'écriture : Pascal Ruffenach. Coordination d'écriture : Malicia Mai-Van-Can.
Chargés de production : Axel Planté-Bordeneuve, Anne Laboulay. Assistant réalisateur : Camille Touaty.
Remerciements : Agnès Barber (rédactrice en chef d'*1 jour 1 actu*), Corinne Destombes.

Pour France TV éducation : Amel Cogard, Pauline Jacob.

Pour France 4
Programme : Tiphaine de Raguenel, Christine Reinaudo.
Production : Armèle Monfort, Patricia Poquet.
Contact presse : Marie Danet.

ISBN : 978-2-7459-8661-0. Dépôt légal : 1er trimestre 2017. Imprimé par Pollina en France - L79425.

JACQUES AZAM

C'EST QUOI, LA POLITIQUE

MILAN

SOMMAIRE

ByE ByE

INTRODUCTION

UN MOT : POLITIQUE

Ce mot vient du grec *polis*, qui veut dire la « cité ». La politique concerne tous les aspects collectifs de la vie en société :

L'HABITAT

L'ALIMENTATION

LA TECHNIQUE

L'ORGANISATION ÉCONOMIQUE

L'ORGANISATION SOCIALE

LES RÉGIMES POLITIQUES

Le régime politique d'un pays, c'est la manière dont il est organisé et gouverné. Qui gouverne, qui décide, qui punit, comment se règlent les conflits...

IL EXISTE PLUSIEURS TYPES DE RÉGIMES POLITIQUES, PAR EXEMPLE :

LA DÉMOCRATIE

GOUVERNEMENT PAR LE PEUPLE.

LA THÉOCRATIE

GOUVERNEMENT AU NOM DE DIEU.

L'ARISTOCRATIE

GOUVERNEMENT PAR UN PETIT NOMBRE DE PRIVILÉGIÉS.

EN FRANCE, ON VIT EN DÉMOCRATIE

L'État français est une république, et son régime est démocratique.

Le mot *république* vient du latin *res publica* : la « chose publique ».

L'État est supposé représenter l'ensemble des individus.

Le mot *démocratie* vient du grec *dêmos*, « peuple », et *kratos*, « pouvoir ».

a démocratie est donc le pouvoir du peuple; e pouvoir appartient...

Ça ne veut pas dire que chacun peut faire ce qu'il veut, mais que les citoyens décident ensemble de la politique à conduire.

LA CONSTITUTION

C'est le texte de référence de l'État français. La Constitution définit le régime de la France et exige :

REPÈRES HISTORIQUES

La première république fut fondée à Athènes, en Grèce, au Ve siècle avant Jésus-Christ.

La République française est beaucoup plus jeune. Elle date de 1792, pendant la Révolution française.

Aujourd'hui, la France vit sous le régime de la Ve République. Elle a été fondée par le général de Gaulle en 1958.

CHAPITRE 1

LES VALEURS ET LES SYMBOLES DE LA RÉPUBLIQUE

LES SYMBOLES SONT IMPORTANTS. ILS PERMETTENT AUX CITOYENS DE SE RECONNAÎTRE DANS DES VALEURS COMMUNES QU'ILS ONT ENVIE DE DÉFENDRE ENSEMBLE.

UNE DEVISE

« LIBERTÉ, ÉGALITÉ, FRATERNITÉ »

CES TROIS MOTS RÉSUMENT LES GRANDES VALEURS DE NOTRE RÉPUBLIQUE.

LA LIBERTÉ,
c'est pouvoir penser ce qu'on veut,

et pouvoir le dire.

C'est aussi choisir sa religion,

aller où on veut...

L'ÉGALITÉ
de tous les Français nous dit que, quelles que soient leur couleur de peau, leur religion,

leur façon de vivre, les Français sont égaux devant la loi. Ils ont les mêmes droits.

LA FRATERNITÉ,
c'est l'entraide et la solidarité entre les riches et ceux qui le sont moins.

Par exemple, les impôts permettent de prendre un peu plus d'argent aux riches pour le redistribuer en créant des écoles, des hôpitaux, des routes...

UN DRAPEAU
BLEU-BLANC-ROUGE

Le drapeau de la France date
de la Révolution française, en 1789.
Ses couleurs ont une valeur et une histoire.

Le blanc est la couleur du roi.

Le bleu et le rouge
sont celles de la ville
de Paris.

Ces trois couleurs ont été réunies
parce que, à l'époque, les Français espéraient
que le roi accepterait un vrai changement.

UN CHANT
LA MARSEILLAISE

À l'origine, c'était un chant de guerre
destiné à encourager les armées révolutionnaires.

UN VISAGE
MARIANNE

Cette femme imaginaire représente la République.
On peut voir son buste sculpté dans
toutes les mairies de France et sur les timbres-poste.

Marianne est coiffée
d'un bonnet phrygien,
qui symbolise la liberté.

Le visage de Marianne change parfois.
Ses traits sont empruntés
aux plus belles actrices françaises.

UNE DATE
LE 14 JUILLET

Ce jour-là, c'est la fête nationale.
C'est un jour férié, les adultes ne travaillent pas,
et partout en France ont lieu des feux d'artifice.

Pourquoi cette date ?
Pour DEUX RAISONS.

On commémore
le 14 juillet 1789, jour de
la prise de la Bastille, début
de la Révolution française.

Et le 14 juillet 1790,
jour où le roi a reconnu
la Constitution.

C'EST QUOI, LA DÉCLARATION UNIVERSELLE DES DROITS DE L'HOMME ???

C'EST UN TEXTE INTERNATIONAL QUI ÉNUMÈRE LES LIBERTÉS ESSENTIELLES DE TOUS LES ÊTRES HUMAINS, SANS EXCEPTION.

IL A ÉTÉ APPROUVÉ EN 1948 PAR L'ONU, L'ORGANISATION DES NATIONS UNIES, AU LENDEMAIN DE LA SECONDE GUERRE MONDIALE.

TRAUMATISÉS PAR LES HORREURS DE LA GUERRE, LES PAYS DU MONDE ONT VOULU ÉCRIRE NOIR SUR BLANC LES DROITS FONDAMENTAUX DE L'HOMME.

CHAQUE INDIVIDU A LE DROIT DE CIRCULER LIBREMENT HORS DE SON PAYS ET DE S'EXPRIMER SUR TOUS LES SUJETS DANS LE RESPECT DES AUTRES. C'EST LA LIBERTÉ D'EXPRESSION.

CHACUN D'ENTRE NOUS A LE DROIT D'ALLER À L'ÉCOLE, D'EXERCER UN TRAVAIL, D'AVOIR ACCÈS À DES SOINS.

LA DÉCLARATION AFFIRME QUE C'EST AU GOUVERNEMENT DE CHAQUE PAYS DE TOUT FAIRE POUR QUE CES DROITS SOIENT POSSIBLES ET RESPECTÉS.

MAIS SUIVRE CETTE DÉCLARATION N'EST PAS OBLIGATOIRE : CE N'EST PAS UN TRAITÉ QUE LES PAYS ONT SIGNÉ.

C'EST POUR ÇA QU'IL EST IMPORTANT DE FAIRE RESPECTER CES DROITS PARTOUT OÙ L'HOMME SOUFFRE ENCORE.

LA DÉCLARATION UNIVERSELLE DES DROITS DE L'HOMME EST UN IDÉAL À ATTEINDRE PAR LES NATIONS ET LES PEUPLES QUI S'Y ENGAGENT MORALEMENT.

C'EST QUOI, LA DÉMOCRATIE ???

LE MOT *DÉMOCRATIE* EST UN NOM GREC INVENTÉ À ATHÈNES IL Y A 2 500 ANS.
IL EST COMPOSÉ DE *DÊMOS*, « PEUPLE », ET *KRATOS*, « POUVOIR ».

EN FAIT, NON ! AUJOURD'HUI, ON VOTE POUR LES PERSONNES QUI VONT PRENDRE DES DÉCISIONS EN NOTRE NOM.
C'EST LA DÉMOCRATIE REPRÉSENTATIVE.

DANS LES PAYS DÉMOCRATIQUES, LE POUVOIR EST DÉTENU PAR PLUSIEURS REPRÉSENTANTS DU PEUPLE.

LA DÉMOCRATIE, C'EST DONC LE CONTRAIRE D'UNE DICTATURE OU D'UNE MONARCHIE. EN FRANCE, L'HISTOIRE DE LA DÉMOCRATIE COMMENCE AINSI AVEC LA RÉVOLUTION DE 1789 : FINI LE ROI !

ET FINIS LES POUVOIRS CONCENTRÉS DANS LES MAINS D'UN SEUL HOMME ! EN DÉMOCRATIE, LES POUVOIRS SONT SÉPARÉS EN TROIS.

IL Y A LE POUVOIR EXÉCUTIF. PAR EXEMPLE, EN FRANCE, C'EST LE PRÉSIDENT ET SON GOUVERNEMENT QUI DONNENT LA DIRECTION AU PAYS.

PUIS LE POUVOIR LÉGISLATIF, QUI VOTE LES LOIS.
ET ENFIN LE POUVOIR JUDICIAIRE, QUI VÉRIFIE SI LES LOIS SONT BIEN APPLIQUÉES.

C'EST UN SYSTÈME QUI GARANTIT QUE LES LIBERTÉS, L'ÉGALITÉ ENTRE TOUS LES CITOYENS ET LA JUSTICE SONT RESPECTÉES.

CAR, VIVRE EN DÉMOCRATIE, C'EST VIVRE AVEC DES DROITS : LE DROIT DE SE DÉPLACER LIBREMENT, DE PRATIQUER SA RELIGION, D'EXPRIMER SON OPINION. MAIS AUSSI LE DROIT D'ÊTRE INFORMÉ, PAR DES JOURNAUX LIBRES DE CRITIQUER LE POUVOIR !

IL Y A DE PLUS EN PLUS DE DÉMOCRATIES DANS LE MONDE, MAIS DE NOMBREUSES PERSONNES SONT ENCORE PRIVÉES DE LIBERTÉS DANS DES RÉGIMES AUTORITAIRES.

C'EST QUOI, ÊTRE CITOYEN ???

LE MOT *CITOYEN* VIENT DU LATIN *CIVITAS*, QUI SIGNIFIE LA « CITÉ », LA « VILLE ».

CITOYEN
CIVITAS

NON, PAS TOUS ! CAR POUR ÊTRE CITOYEN FRANÇAIS IL Y A DEUX CONDITIONS. LA PREMIÈRE, C'EST D'AVOIR LA NATIONALITÉ FRANÇAISE.

ÊTRE CITOYEN FRANÇAIS, C'EST DONC ÊTRE FRANÇAIS ET MAJEUR. CE STATUT DONNE DES DROITS, MAIS AUSSI DES DEVOIRS, DANS LA VIE DE TOUS LES JOURS.

AINSI, LE CITOYEN A DES DROITS CIVIQUES, COMME LE DROIT D'ENSEIGNER OU LE DROIT D'ÊTRE ÉLU...

... MAIS IL A AUSSI DES DEVOIRS : IL DOIT CONNAÎTRE ET RESPECTER LES LOIS DE SON PAYS. C'EST CE QUI PERMET À TOUS LES HABITANTS DE VIVRE ENSEMBLE.

POUR EN SAVOIR PLUS

- C'est quoi, la nationalité française ? p. 28
- C'est quoi, le droit de vote ? p. 59

PARMI SES DEVOIRS, CHAQUE CITOYEN DOIT PAR EXEMPLE ALLER VOTER. CAR, MÊME SI D'APRÈS LA LOI LE DROIT DE VOTE N'EST PAS UNE OBLIGATION, C'EST CE QU'ON APPELLE UN « DEVOIR MORAL » OU « CIVIQUE ».

À PRÉSENT QUE TU SAIS TOUT SUR LA CITOYENNETÉ, À TOI D'APPRENDRE À RESPECTER CES RÈGLES POUR ÊTRE UN CITOYEN DÉJÀ ENTRAÎNÉ LE JOUR DE TA MAJORITÉ !

ÇA VEUT DIRE QUOI, « LIBERTÉ, ÉGALITÉ, FRATERNITÉ » ???

CES MOTS, TU AS DÉJÀ DÛ LES VOIR GRAVÉS SUR DES BÂTIMENTS PUBLICS : ÉCOLES, COLLÈGES OU MAIRIES.

À EUX TROIS, ILS FORMENT LA DEVISE DE LA RÉPUBLIQUE FRANÇAISE. UN SYMBOLE QUI PERMET À TOUS LES FRANÇAIS DE CONNAÎTRE LES PRINCIPES QUI GUIDENT LEUR PAYS.

CES TROIS MOTS FONDATEURS ONT ÉTÉ ASSOCIÉS POUR LA PREMIÈRE FOIS LORS DE LA RÉVOLUTION FRANÇAISE, EN 1789, DANS LA DÉCLARATION DES DROITS DE L'HOMME ET DU CITOYEN.

LA FRATERNITÉ, C'EST LA SOLIDARITÉ. ET ELLE, PAR CONTRE, NE PEUT PAS ÊTRE IMPOSÉE PAR UNE LOI. ON NE PEUT FORCER PERSONNE À ÊTRE FRATERNEL AVEC LES AUTRES.

POUR EN SAVOIR PLUS

- Que représente la place de la République ? p. 31
- C'est quoi, la liberté d'expression ? p. 37
- C'est quoi, la discrimination positive ? p. 49

L'ÉGALITÉ SANS LA LIBERTÉ, C'EST TOUT LE MONDE PAREIL, ON N'A PAS LE DROIT DE SORTIR DU RANG ;

Qui était Jean Jaurès ???

DANS TA VILLE OU TON VILLAGE, TU CONNAIS SÛREMENT UNE RUE OU UNE ÉCOLE QUI PORTENT LE NOM DE JEAN JAURÈS...

CET HOMME POLITIQUE A DROIT À DE TELS HONNEURS PARCE QU'IL S'EST BATTU TOUTE SA VIE POUR PLUS D'ÉGALITÉ ET DE JUSTICE ENTRE LES CITOYENS.

JEAN JAURÈS EST NÉ EN 1859 DANS LE TARN, DANS LE SUD DE LA FRANCE. CE TRÈS BON ÉLÈVE POURSUIT SES ÉTUDES À PARIS : UNE MARQUE DE RÉUSSITE À L'ÉPOQUE !

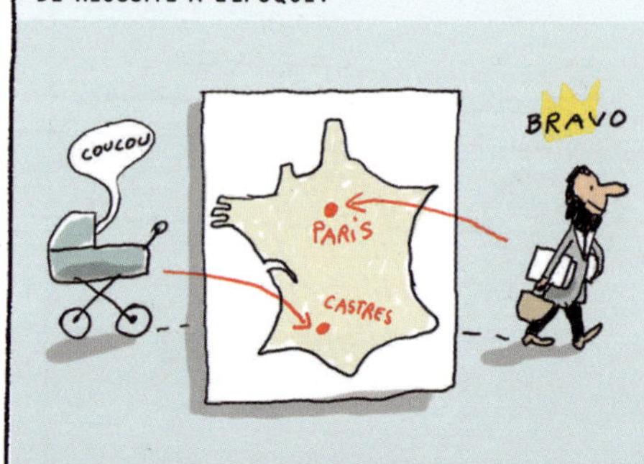

SES IDÉES POUR LES DROITS DE L'HOMME LE POUSSENT À ÊTRE PROFESSEUR DE PHILOSOPHIE. MAIS TRÈS VITE IL A ENVIE D'AGIR : IL VEUT FAIRE DE LA POLITIQUE !
PHILOSOPHIE
POLITIQUE

À 26 ANS, EN 1885, IL DEVIENT DÉPUTÉ DU DÉPARTEMENT DU TARN À L'ASSEMBLÉE NATIONALE.
1885

IL COMBAT LES INÉGALITÉS ENTRE RICHES ET PAUVRES, VEUT BÂTIR UNE SOCIÉTÉ PLUS JUSTE ET RENDRE L'ÉDUCATION ACCESSIBLE À TOUS. ON DIT QUE C'EST UN « HOMME DE GAUCHE ».
PLUS JUSTE
ÉCOLE

IL VA À LA RENCONTRE DES MINEURS, DES OUVRIERS, DES PAYSANS ET RACONTE LEURS DIFFICULTÉS DANS DES ARTICLES DE PRESSE.
Le journal

IL CRÉE, EN 1904, UN JOURNAL QUI EXISTE TOUJOURS : LE QUOTIDIEN *L'HUMANITÉ*.
1904
L'HUMANITÉ
L'HUMANITÉ

IL EST CONNU POUR ÊTRE UN GRAND ORATEUR : SES DISCOURS POUR LA CAUSE DES PLUS FAIBLES SONT MÉMORABLES !
JUSTICE

APRÈS LA GUERRE, SON CORPS A ÉTÉ TRANSPORTÉ AU PANTHÉON, PARMI LES PERSONNAGES QUI ONT MARQUÉ L'HISTOIRE DE FRANCE.

POUR EN SAVOIR PLUS

• Ça veut dire quoi, « droite » et « gauche », en politique ? p. 73

POURQUOI LE DRAPEAU FRANÇAIS EST BLEU-BLANC-ROUGE ???

CHAQUE PAYS POSSÈDE SON PROPRE DRAPEAU.
EN FRANCE, LE DRAPEAU BLEU-BLANC-ROUGE FLOTTE AU-DESSUS DES MAIRIES, DES ÉCOLES ET DES BÂTIMENTS OFFICIELS. IL DATE DE LA RÉVOLUTION DE 1789. LE BLEU ET LE ROUGE, COULEURS DES RÉVOLUTIONNAIRES PARISIENS, ENTOURENT LE BLANC, LA COULEUR DU ROI.

LE DRAPEAU FRANÇAIS SYMBOLISE ALORS LA RÉVOLTE DU PEUPLE POUR OBTENIR LA LIBERTÉ. ET DEPUIS ?

INSCRIT DANS LA CONSTITUTION, IL EST DEVENU L'UN DES SYMBOLES DE LA RÉPUBLIQUE, COMME *LA MARSEILLAISE* ET LA DEVISE « LIBERTÉ, ÉGALITÉ, FRATERNITÉ ».

CE DRAPEAU APPARTIENT À TOUS LES FRANÇAIS, ET IL PERMET DE SE REGROUPER AUTOUR DE VALEURS COMMUNES.
AU COURS DE L'HISTOIRE, IL A ÉTÉ FIÈREMENT BRANDI, À LA FIN DE LA SECONDE GUERRE MONDIALE PAR EXEMPLE : C'EST UN SIGNE DE PATRIOTISME, D'AMOUR DE SON PAYS.
1945
HISTOIRE
DANS LES STADES, LES SUPPORTEURS L'AGITENT POUR EXPRIMER LEUR SOUTIEN AUX ÉQUIPES NATIONALES.
MAIS LE DRAPEAU BLEU-BLANC-ROUGE EST AUSSI VU PARFOIS COMME UN SYMBOLE DE PRÉFÉRENCE NATIONALE, C'EST-À-DIRE DE PRIORITÉ DES FRANÇAIS PAR RAPPORT AUX ÉTRANGERS.
MOI D'ABORD
DE NOMBREUX FRANÇAIS ONT LONGTEMPS ÉTÉ GÊNÉS PAR CETTE IMAGE, VÉHICULÉE PAR L'EXTRÊME DROITE.
EXTRÊME DROITE
C'EST MON DRAPEAU
POURTANT, APRÈS LES ATTENTATS DU 13 NOVEMBRE 2015, FRANÇOIS HOLLANDE A APPELÉ TOUS LES FRANÇAIS À AFFICHER LE DRAPEAU EN HOMMAGE AUX VICTIMES.
SUR LES RÉSEAUX SOCIAUX, DE TRÈS NOMBREUX INTERNAUTES ONT COLORISÉ LEUR PHOTO EN BLEU-BLANC-ROUGE.

ET LES COULEURS DE LA FRANCE ONT ÉTÉ PROJETÉES SUR DES MONUMENTS DANS DE NOMBREUX PAYS.

LES FRANÇAIS SONT DONC EN TRAIN DE SE RÉAPPROPRIER LEUR DRAPEAU, À LA FOIS RÉVOLUTIONNAIRE, PATRIOTIQUE ET SOLIDAIRE.

C'EST QUOI, LA NATIONALITÉ FRANÇAISE ???

LA NATIONALITÉ FRANÇAISE, C'EST CE QUI LIE UNE PERSONNE À LA FRANCE DU POINT DE VUE DE LA LOI.

LE FAIT DE LA POSSÉDER DONNE DES DROITS. ELLE PERMET NOTAMMENT D'ACCÉDER À LA CITOYENNETÉ, À 18 ANS, ET DONC DE POUVOIR VOTER ET ÊTRE ÉLU EN FRANCE.

ON PEUT L'AVOIR DE NAISSANCE OU BIEN L'OBTENIR PLUS TARD, SOUS CERTAINES CONDITIONS.

MAIS, SI ON PEUT L'OBTENIR, EST-CE QU'ON PEUT AUSSI L'ABANDONNER OU SE LA FAIRE RETIRER ?
EH BIEN, ÇA DÉPEND DES CAS ! REGARDONS DIFFÉRENTES SITUATIONS.
LES PERSONNES NÉES D'UNE MÈRE OU D'UN PÈRE FRANÇAIS, OU BIEN ADOPTÉES PAR DES FRANÇAIS, ONT LA NATIONALITÉ D'OFFICE : C'EST LE DROIT DU SANG.
DROIT DU SANG
ET UN ENFANT NÉ EN FRANCE DE DEUX PARENTS ÉTRANGERS OBTIENT AUTOMATIQUEMENT LA NATIONALITÉ FRANÇAISE À SES 18 ANS : C'EST LE DROIT DU SOL.
DROIT DU SOL
FRANCE
IL A LE DROIT DE CHOISIR DE NE PAS PRENDRE LA NATIONALITÉ FRANÇAISE, OU DE CONSERVER SES DEUX NATIONALITÉS, CE QUI EN FAIT UN BINATIONAL.
BINATIONAL
UN ÉTRANGER PEUT AUSSI OBTENIR LA NATIONALITÉ FRANÇAISE PAR MARIAGE, OU EN FAISANT UNE DEMANDE DE NATURALISATION APRÈS PLUSIEURS ANNÉES PASSÉES EN FRANCE.

EN EFFET, SI ON LA LEUR RETIRAIT, ILS DEVIENDRAIENT DES APATRIDES, C'EST-À-DIRE QU'ILS NE SERAIENT PLUS CITOYENS D'AUCUN PAYS.

POUR EN SAVOIR PLUS

• C'est quoi, la Déclaration universelle des droits de l'homme ? p. 10
• C'est quoi, être citoyen ? p.16

QUE REPRÉSENTE LA PLACE DE LA RÉPUBLIQUE ???

À PARIS, DÈS QU'UN ÉVÉNEMENT IMPORTANT A LIEU, UNE MANIFESTATION, UNE CÉRÉMONIE… TOUT LE MONDE SE DONNE RENDEZ-VOUS PLACE DE LA RÉPUBLIQUE.

SOUVIENS-TOI : LE 11 JANVIER 2015, CETTE PLACE ÉTAIT NOIRE DE MONDE.

PLUS D'UN MILLION DE PERSONNES S'ÉTAIENT RASSEMBLÉES POUR PROTESTER CONTRE LES ATTENTATS DE *CHARLIE HEBDO*. DU JAMAIS-VU !

POUR EN SAVOIR PLUS

• Ça veut dire quoi, « Liberté, égalité, fraternité » ? p. 19

REGARDE, C'EST IMPRESSIONNANT ! UNE STATUE DE PLUS DE 9 MÈTRES DE HAUT, AVEC, À SES CÔTÉS, UN LION TRÈS FIER ET TROIS STATUES REPRÉSENTANT LA LIBERTÉ, L'ÉGALITÉ ET LA FRATERNITÉ : LA DEVISE DE LA RÉPUBLIQUE FRANÇAISE.

PAUVRE STATUE ! BEAUCOUP L'AVAIENT OUBLIÉE, NOYÉE AU MILIEU DE LA CIRCULATION. JUSQU'À CE QUE LA PLACE SOIT RÉNOVÉE ET RENDUE AUX PIÉTONS EN 2013.
OÙ ÇA, UNE STATUE ?
DEPUIS LES ATTENTATS, LES GENS VIENNENT SPONTANÉMENT AU PIED DE CETTE STATUE. ILS Y DÉPOSENT FLEURS, BOUGIES, MESSAGES… POUR PARLER DE LEUR CHAGRIN, DE LEUR RÉVOLTE.
AUX YEUX DES PARISIENS, LA PLACE DE LA RÉPUBLIQUE EST DEVENUE UN LIEU DE MÉMOIRE.
Lieu de mémoire
MAIS PAS QUE POUR EUX. POUR LE MONDE ENTIER AUSSI ! DES CHEFS D'ÉTAT S'Y SONT RECUEILLIS, TOUT COMME DE NOMBREUX ARTISTES.
LA PLACE DE LA RÉPUBLIQUE, C'EST UN PEU LE SYMBOLE DE LA FRANCE, SOLIDAIRE, LIBRE ET FRATERNELLE.
SOLIDAIRE
FRATERNELLE
LIBRE

C'EST QUOI, UNE MANIFESTATION ???

UNE MANIFESTATION, C'EST DES PERSONNES QUI DÉFILENT DANS LA RUE OU QUI OCCUPENT UN LIEU POUR EXPRIMER LEURS CONVICTIONS OU LEUR MÉCONTENTEMENT.

LE LONG D'UN TRAJET DÉFINI À L'AVANCE, LES MANIFESTANTS CLAMENT DES SLOGANS ET AFFICHENT LEURS MESSAGES SUR DES BANDEROLES.

MAIS POURQUOI DESCENDRE DANS LA RUE POUR FAIRE ENTENDRE UN MESSAGE ?

MAIS UNE MANIFESTATION S'ADRESSE SURTOUT AU GOUVERNEMENT. C'EST UN ACTE POLITIQUE !

CERTAINES MANIFESTATIONS SONT ENTRÉES DANS L'HISTOIRE, COMME CELLES DE MAI 68, QUI VOULAIENT CHANGER LA SOCIÉTÉ FRANÇAISE.

POUR EN SAVOIR PLUS

- Que représente la place de la République ? p. 31
- C'est quoi, la liberté d'expression ? p. 37

C'EST QUOI, LA LIBERTÉ D'EXPRESSION ???

LA LIBERTÉ D'EXPRESSION EST UN DROIT.
LE DROIT D'EXPRIMER LIBREMENT CE QU'ON PENSE.

MAIS POURQUOI C'EST SI IMPORTANT, LA LIBERTÉ D'EXPRESSION ?
SANS LIBERTÉ D'EXPRESSION, IL N'Y A PAS DE LIBERTÉ DE PENSÉE ET PAS DE DÉMOCRATIE : C'EST-À-DIRE QUE LE PEUPLE NE PEUT PAS S'EXPRIMER.
PAR EXEMPLE, DANS CERTAINS PAYS, IL EST INTERDIT D'EXPRIMER TOUTE IDÉE QUI N'EST PAS EN ACCORD AVEC CELLES DES DIRIGEANTS.
INTERDIT
DANS CES PAYS, IL N'Y A PAS NON PLUS DE LIBERTÉ DE LA PRESSE. LES JOURNAUX NE PEUVENT PAS PARLER DE CERTAINS ÉVÉNEMENTS OU CRITIQUER LE POUVOIR.
TOUT VA BIEN
TOUT VA BIEN
TOUT VA BIEN
TOUT VA MAL
OR LA LIBERTÉ DE LA PRESSE GARANTIT AUX CITOYENS D'AVOIR TOUTES LES INFORMATIONS NÉCESSAIRES POUR SE FORGER UNE OPINION LIBREMENT.
TOUT VA BIEN
TOUT VA MAL
POUR ÇA, LES JOURNALISTES OBÉISSENT À DES RÈGLES. ILS PEUVENT PARLER DE TOUS LES SUJETS, MAIS EN FAISANT ATTENTION À VÉRIFIER L'INFORMATION POUR EN GARANTIR LA QUALITÉ.
Le journal

LE 7 JANVIER 2015, CE CÉLÈBRE JOURNAL, NÉCESSAIRE À LA DÉMOCRATIE, A ÉTÉ VICTIME D'UNE ATTAQUE TERRORISTE QUI A FAIT DOUZE MORTS ET DES BLESSÉS.

POUR EN SAVOIR PLUS

• C'est quoi, la Déclaration universelle des droits de l'homme ? p. 10
• Ça veut dire quoi, « Liberté, égalité, fraternité » ? p. 19

EST-CE QUE LA LIBERTÉ DE LA PRESSE EST RESPECTÉE PARTOUT DANS LE MONDE ? ? ?

NON. DANS CERTAINS PAYS, C'EST TRÈS DIFFICILE D'EXERCER LE MÉTIER DE JOURNALISTE, VOIRE DANGEREUX.

EN 2015, 110 JOURNALISTES ONT AINSI ÉTÉ TUÉS DANS LE MONDE, 153 ONT ÉTÉ EMPRISONNÉS, ET 54 ONT ÉTÉ RETENUS EN OTAGES.

JUSQU'ICI, LES ZONES LES PLUS DANGEREUSES ÉTAIENT CELLES OÙ SÉVISSENT DES GUERRES.

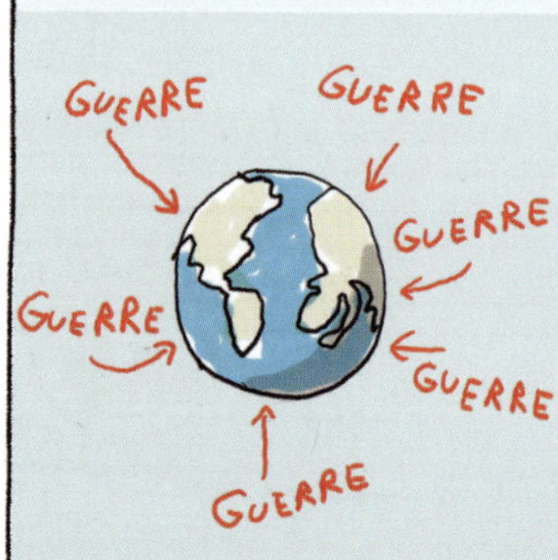

GRÂCE À LEURS ARTICLES, LEURS REPORTAGES, LES JOURNALISTES ÉCLAIRENT LES CITOYENS. EN LEUR DONNANT DES INFORMATIONS, ILS LEUR PERMETTENT DE SE FORGER UNE OPINION LIBREMENT.

HEUREUSEMENT, DES ASSOCIATIONS, COMME REPORTERS SANS FRONTIÈRES, DÉFENDENT LES JOURNALISTES ET LA LIBERTÉ DE LA PRESSE.

POUR EN SAVOIR PLUS
• C'est quoi, la liberté d'expression ? p. 37

C'EST QUOI, LA LAÏCITÉ ???

LA LAÏCITÉ A VU LE JOUR EN FRANCE AVEC UNE LOI VOTÉE LE 9 DÉCEMBRE 1905.

9 décembre 1905

CETTE LOI A IMPOSÉ UN PRINCIPE NOUVEAU POUR L'ÉPOQUE : LA SÉPARATION ENTRE L'ÉTAT ET LES RELIGIONS.

DEPUIS, LA FRANCE N'IMPOSE PAS DE RELIGION ET N'EN INTERDIT AUCUNE. ELLE RESPECTE LES IDÉES ET LES RELIGIONS DE SES HABITANTS.

SES HABITANTS, EUX, PEUVENT EXPRIMER LIBREMENT LEURS IDÉES, MAIS TOUJOURS DANS LE RESPECT DE CELLES DES AUTRES ET DE LA LOI.

POUR EN SAVOIR PLUS

• C'est quoi, la liberté d'expression ? p. 37

CE RESPECT PERMET À TOUS DE VIVRE EN PAIX LES UNS AVEC LES AUTRES.

MAIS EST-CE QUE LA LAÏCITÉ CONCERNE LES ENFANTS ?

LA LAÏCITÉ S'APPLIQUE À TOUS CEUX ET TOUTES CELLES QUI HABITENT EN FRANCE. ELLE CONCERNE AUSSI BIEN LES ADULTES QUE LES ENFANTS.

POUR EXPLIQUER COMMENT LA LAÏCITÉ S'APPLIQUE À L'ÉCOLE, UNE CHARTE DE LA LAÏCITÉ A ÉTÉ AFFICHÉE DANS LES ÉCOLES ET LES COLLÈGES DE FRANCE.

CETTE CHARTE EST UN TEXTE TRÈS IMPORTANT QUI RAPPELLE UN CERTAIN NOMBRE DE RÈGLES POUR BIEN VIVRE ENSEMBLE À L'ÉCOLE.

PAR EXEMPLE, LA CHARTE INDIQUE QUE PERSONNE NE PEUT ÊTRE EXCLU DE L'ÉCOLE À CAUSE DE SA COULEUR DE PEAU, DE SA RELIGION OU DE SON SEXE.

ELLE T'AUTORISE À DIRE CE QUE TU PENSES, À CONDITION DE RESPECTER LES AUTRES.

ELLE SIGNALE AUSSI QUE PERSONNE N'A LE DROIT NI DE T'INSULTER NI DE TE FAIRE VIOLENCE. ET QUE LES INSULTES ET LES MOTS RACISTES SONT BIEN SÛR INTERDITS.

AUTANT DE RÈGLES SIMPLES ET INCONTOURNABLES QU'IL EST BON QUE TOUT LE MONDE RESPECTE, ENFANTS ET ADULTES, POUR SE SENTIR BIEN DANS NOTRE PAYS.

C'EST QUOI, LES DROITS DE L'ENFANT ???

CE SONT DES RÈGLES QUI CONCERNENT TOUS LES ENFANTS DU MONDE, SANS EXCEPTION.

CES RÈGLES SONT RASSEMBLÉES DANS LA CONVENTION INTERNATIONALE DES DROITS DE L'ENFANT, UN TEXTE APPROUVÉ EN 1989 PAR L'ONU, L'ORGANISATION DES NATIONS UNIES.

197 PAYS, DONT LA FRANCE, ONT SIGNÉ CE TEXTE ET ONT PROMIS DE TOUT FAIRE POUR QUE LEURS LOIS RESPECTENT LES DROITS DES ENFANTS.

ET POUR BIEN GRANDIR ILS ONT BESOIN DE MANGER, D'AVOIR UNE FAMILLE, D'ALLER À L'ÉCOLE, D'ÊTRE SOIGNÉS ET DE S'EXPRIMER.

POUR EN SAVOIR PLUS

• C'est quoi, la Déclaration universelle des droits de l'homme ? p. 10

C'EST QUOI, LA DISCRIMINATION POSITIVE ???

ON PARLE DE « DISCRIMINATION » QUAND
UN GROUPE DE PERSONNES EST DÉFAVORISÉ SELON UN CRITÈRE
COMME LA COULEUR DE PEAU, LA RELIGION OU LE SEXE.

ALORS, COMMENT UNE DISCRIMINATION PEUT ÊTRE POSITIVE ?
LA DISCRIMINATION POSITIVE S'OPPOSE À LA DISCRIMINATION TOUT COURT. ELLE FAVORISE LES GROUPES QUI ONT TENDANCE À ÊTRE DÉSAVANTAGÉS...
DISCRIMINATION POSITIVE
DISCRIMINA
... PAR EXEMPLE EN IMPOSANT À UNE ENTREPRISE UN NOMBRE MINIMUM DE TRAVAILLEURS HANDICAPÉS.
EN THÉORIE, LA LOI DIT QUE LES INDIVIDUS SONT ÉGAUX ET QU'ILS NE DOIVENT PAS ÊTRE TRAITÉS DIFFÉREMMENT.
C'EST LA LOI
POURTANT, MALHEUREUSEMENT, LES SOCIÉTÉS SE SONT CONSTRUITES SUR DES INÉGALITÉS, ET CERTAINS PRÉJUGÉS CONTINUENT D'EXISTER MALGRÉ LA LOI.
SALAIRE
LA DISCRIMINATION POSITIVE PERMET, COMME UN TREMPLIN, DE RÉTABLIR UN ÉQUILIBRE QUAND ON N'A PAS LES MÊMES CHANCES DE DÉPART QUE D'AUTRES.
DISCRIMINATION POSITIVE

POUR EN SAVOIR PLUS

• Ça veut dire quoi, « Liberté, égalité, fraternité » ? p. 19

CHAPITRE 2

LES ACTEURS DE LA RÉPUBLIQUE

1/ LA SÉPARATION DES POUVOIRS

LE FONCTIONNEMENT DE L'ÉTAT REPOSE SUR LE PRINCIPE DE LA SÉPARATION DES POUVOIRS. LE BUT ? ÉVITER QU'UNE SEULE PERSONNE NE SOIT LE CHEF ABSOLU ET NE DÉTIENNE TOUS LES POUVOIRS.

LA SÉPARATION DES POUVOIRS GARANTIT AINSI LE RESPECT DES DROITS DES INDIVIDUS.

LE POUVOIR LÉGISLATIF

Qui élabore les lois ?

C'est le travail du Parlement.
Le Parlement est composé de deux chambres : l'Assemblée nationale, où siègent les députés, et le Sénat.

Une loi ne peut être votée que si les deux chambres sont d'accord.

LE POUVOIR EXÉCUTIF

Le président de la République est le chef du pouvoir exécutif.

Avec le Premier ministre, il est chargé de faire appliquer les lois.

LE POUVOIR JUDICIAIRE

Pour faire respecter les lois, il y a les juges.

Nommés par le gouvernement, les juges sont chargés de punir ceux qui ne respectent pas les lois.

> *Pour qu'on ne puisse abuser du pouvoir,*
> *il faut que, par la disposition des choses,*
> *le pouvoir arrête le pouvoir.*

MONTESQUIEU, ***DE L'ESPRIT DES LOIS***

Le gouvernement peut dissoudre l'Assemblée nationale, mais pas le Sénat.

Ce système permet que la démocratie soit respectée, car chacun a un pouvoir de contrôle sur l'autre.

Ce sont les députés qui proposent les lois.

Le gouvernement peut, lui aussi, proposer des lois.

Le pouvoir exécutif d'un pays est toujours installé dans la capitale du pays.

La justice doit être égalitaire. Tout le monde, riche ou pauvre, a le droit d'être traité de la même façon.

LES ACTEURS DE LA RÉPUBLIQUE

2/ LE FONCTIONNEMENT DES INSTITUTIONS DE LA V^E^ RÉPUBLIQUE

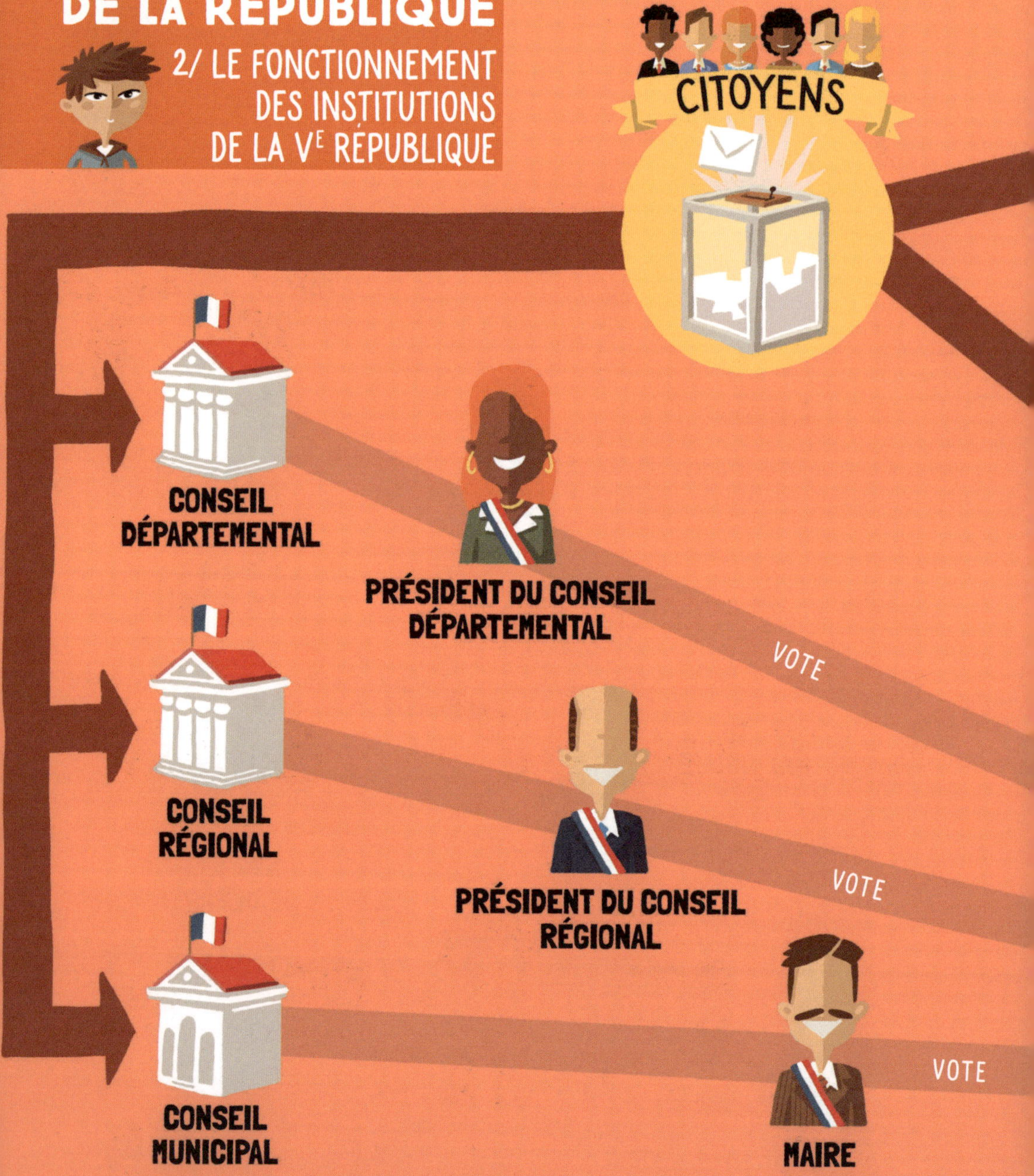

GOUVERNEMENT
PRÉSIDENT DE LA RÉPUBLIQUE
PREMIER MINISTRE ET MINISTRES
LE PRÉSIDENT PEUT DISSOUDRE L'ASSEMBLÉE NATIONALE
RESPONSABLE
PEUT CENSURER
PARLEMENT
ADMINISTRATION
ASSEMBLÉE NATIONALE
PRÉFETS DE RÉGION, PRÉFETS DE DÉPARTEMENT
ÉLECTIONS AU SUFFRAGE UNIVERSEL DIRECT
ÉLECTIONS AU SUFFRAGE UNIVERSEL INDIRECT (GRANDS ÉLECTEURS)
DÉCISIONS NON ÉLECTIVES, NOMINATIONS, DÉCRETS, ARRÊTÉS...
SÉNAT

À QUOI ÇA SERT, UN PRÉSIDENT DE LA RÉPUBLIQUE ???

LA FRANCE EST UNE RÉPUBLIQUE : UN PAYS OÙ LE PEUPLE CHOISIT SES CHEFS, ET DONC SON PRÉSIDENT. C'EST LE SIGNE DE LA DÉMOCRATIE.

DEPUIS 1958, LES FRANÇAIS VIVENT SOUS LA Ve RÉPUBLIQUE. SON FONCTIONNEMENT ET LE RÔLE DU PRÉSIDENT SONT DÉFINIS DANS UN TEXTE APPELÉ LA « CONSTITUTION ».

TOUS LES CINQ ANS, LE PEUPLE FRANÇAIS VOTE POUR ÉLIRE SON PRÉSIDENT.

EH OUI, LES FRANÇAIS ÉLISENT AUSSI CEUX QUI DÉCIDENT DES LOIS : L'ASSEMBLÉE NATIONALE ET LE SÉNAT.

PAR EXEMPLE, LE PRÉSIDENT EST LE CHEF DES ARMÉES. IL REPRÉSENTE LA FRANCE ET LES FRANÇAIS À L'ÉTRANGER. IL DOIT AUSSI VÉRIFIER QUE PERSONNE N'EMPÊCHE LES JUGES D'APPLIQUER LES LOIS.

POUR EN SAVOIR PLUS

• C'est quoi, le droit de vote ? p. 59
• C'est quoi, un Premier ministre ? p. 64
• À quoi ça sert, le Sénat ? p. 67

C'EST QUOI, LE DROIT DE VOTE ???

LE DROIT DE VOTE, C'EST LE DROIT D'EXPRIMER TON OPINION ET DE CHOISIR CEUX ET CELLES QUI VONT TE REPRÉSENTER.

EN FRANCE, CE DROIT TE SERA ACCORDÉ À L'ÂGE DE 18 ANS, SI TU AS LA NATIONALITÉ FRANÇAISE.

TU SERAS INSCRIT SUR LES LISTES ÉLECTORALES DE LA MAIRIE DE TA VILLE ET TU RECEVRAS TA CARTE D'ÉLECTEUR.

LORS DES ÉLECTIONS, TU GLISSERAS UN BULLETIN DE VOTE DANS L'URNE. UN GESTE SIMPLE, FRUIT D'UN LONG COMBAT.
LE DROIT DE VOTE A ÉTÉ ACCORDÉ EN 1791 AUX SEULS HOMMES RICHES, PUIS, EN 1848, À TOUS LES HOMMES ÂGÉS D'AU MOINS 21 ANS.
OUI MAIS JE SUIS RICHE.
OUI MAIS ON A 21 ANS.
CE N'EST QUE 150 ANS PLUS TARD, EN 1944, QUE LES FEMMES GAGNENT LE DROIT DE VOTE.
IL ÉTAIT TEMPS !
EN 1974, L'ÂGE AUQUEL ON PEUT VOTER PASSE DE 21 ANS À 18 ANS.
21 ANS
18 ANS
1848
1974
DEPUIS 1992, LES EUROPÉENS VIVANT EN FRANCE ONT LE DROIT DE VOTE AUX ÉLECTIONS EUROPÉENNES ET MUNICIPALES.
ALLEMAND
ESPAGNOLE
ITALIEN
LE DROIT DE VOTE EST PRÉCIEUX ! IL N'EXISTE MALHEUREUSEMENT PAS DANS TOUS LES PAYS DU MONDE.
C'EST MOI QUI DÉCIDE !

C'EST QUOI, L'ABSTENTION ???

LE MOT *ABSTENTION* VIENT DU VERBE *S'ABSTENIR*, QUI VEUT DIRE « ÉVITER DE FAIRE QUELQUE CHOSE » OU « S'INTERDIRE LA CONSOMMATION D'UN PRODUIT ».

QUAND ON UTILISE CE MOT AU SUJET D'UNE ÉLECTION, IL SIGNIFIE « NE PAS VOTER ».

L'ABSTENTION SE MESURE ALORS EN COMPTANT LE NOMBRE D'ÉLECTEURS QUI N'ONT PAS PARTICIPÉ AU VOTE.

MAIS POURQUOI CERTAINES PERSONNES NE VOTENT PAS, ALORS QU'ELLES EN ONT LE DROIT ?
EN FRANCE, LE VOTE EST UN DROIT ET UN DEVOIR, MAIS CE NE N'EST PAS UNE OBLIGATION. C'EST POURQUOI CHACUN EST LIBRE DE VOTER OU PAS.
DROIT
DEVOIR
OBLIGATION
CERTAINS ÉLECTEURS NE VEULENT PLUS VOTER PARCE QU'ILS PENSENT QUE LA POLITIQUE NE CHANGE RIEN À LEURS CONDITIONS DE VIE, SOUVENT DIFFICILES.
D'AUTRES ONT DU MAL À FAIRE LEUR CHOIX : LES PROGRAMMES ÉLECTORAUX NE CORRESPONDENT PAS À TOUTES LEURS CONVICTIONS, OU LES CANDIDATS NE LEUR INSPIRENT PAS CONFIANCE.
VOTEZ POUR
MOI !
MOI !
OU MOI
D'AUTRES ÉLECTEURS ENCORE NE S'INTÉRESSENT PAS DU TOUT À LA POLITIQUE. ILS TROUVENT ÇA TROP COMPLIQUÉ OU NE COMPRENNENT PAS BIEN À QUOI SERT UNE ÉLECTION.
POLITIQUE
AINSI, 1 ÉLECTEUR SUR 5 N'A PAS VOTÉ POUR L'ÉLECTION DU PRÉSIDENT DE LA RÉPUBLIQUE EN 2012. C'EST POURTANT L'ÉLECTION OÙ L'ABSTENTION EST LA PLUS FAIBLE.
ÉLECTION PRÉSIDENTIELLE
2012

EN MARS 2014, 2 ÉLECTEURS SUR 5 N'ONT PAS VOTÉ POUR CHOISIR LEUR MAIRE. ET, DEPUIS 30 ANS, L'ABSTENTION AUGMENTE À CHAQUE ÉLECTION.

ET, SI LES ÉLECTEURS NE VOTENT PAS, TOUS LES FRANÇAIS NE SONT PAS REPRÉSENTÉS PAR LES ÉLUS.

NOTAMMENT QUAND LES ÉLUS PRENNENT DES DÉCISIONS QUI CONCERNENT LES ASPECTS DE LA VIE EN SOCIÉTÉ COMME L'ÉDUCATION, LE TRAVAIL, LA SANTÉ…

LE VOTE PERMET DE DONNER SON AVIS ET D'ÊTRE REPRÉSENTÉ. C'EST UN DROIT TRÈS PRÉCIEUX !

POUR EN SAVOIR PLUS

• C'est quoi, le droit de vote ? p. 59

C'EST QUOI, UN PREMIER MINISTRE ???

EN FRANCE, LE PREMIER MINISTRE, C'EST LE CHEF DU GOUVERNEMENT.

ET, LE GOUVERNEMENT, C'EST L'ENSEMBLE DE TOUS LES MINISTRES.

LE PREMIER MINISTRE, AVEC SON GOUVERNEMENT, GÈRE LE PAYS ET ASSURE SON BON FONCTIONNEMENT.

LE PREMIER MINISTRE, C'EST LE BRAS DROIT DU PRÉSIDENT.

EN FRANCE, ON DIT QUE LE POUVOIR EST PARTAGÉ ENTRE LE PRÉSIDENT ET LE PREMIER MINISTRE... MAIS C'EST QUAND MÊME LE PRÉSIDENT QUI DÉCIDE.

POUR EN SAVOIR PLUS

• À quoi ça sert, un président de la République ? p. 56

À QUOI ÇA SERT, LE SÉNAT ???

EN FRANCE, LES DEUX GRANDS POUVOIRS POLITIQUES SONT LE GOUVERNEMENT, QUI DIRIGE L'ÉTAT, ET LE PARLEMENT, QUI VOTE LES LOIS.

LE PARLEMENT EST CONSTITUÉ DE DEUX ASSEMBLÉES, OU CHAMBRES : L'ASSEMBLÉE NATIONALE, AVEC SES DÉPUTÉS, ET LE SÉNAT, AVEC SES SÉNATEURS. ON APPELLE AUSSI LE SÉNAT LA « CHAMBRE HAUTE ».

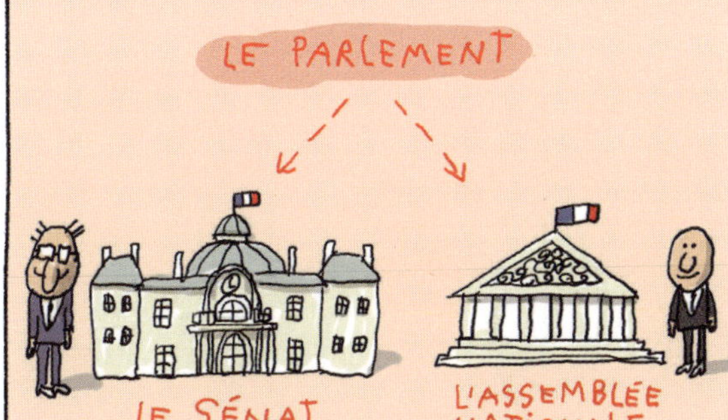

IL Y A 348 SÉNATEURS DANS NOTRE PAYS. ILS SE RÉUNISSENT ET TRAVAILLENT DANS LE PALAIS DU LUXEMBOURG, UN TRÈS BEAU CHÂTEAU DANS LE CENTRE DE PARIS.

À LA DIFFÉRENCE DES DÉPUTÉS OU DU PRÉSIDENT DE LA RÉPUBLIQUE, LES SÉNATEURS NE SONT PAS ÉLUS PAR TOUS LES CITOYENS.

POUR EN SAVOIR PLUS
· Comment on crée une loi ? p. 70

EN FAIT, ILS SONT ÉLUS PAR SEULEMENT 150 000 PERSONNES DANS NOTRE PAYS, DES PERSONNES APPELÉES LES « GRANDS ÉLECTEURS ». LES SÉNATEURS SONT ÉLUS POUR 6 ANS. MAIS IL Y A DES ÉLECTIONS TOUS LES 3 ANS POUR REMPLACER LA MOITIÉ DES SÉNATEURS ET AMENER AINSI DE NOUVELLES PERSONNES.

CE SONT LES MAIRES, LES CONSEILLERS MUNICIPAUX, LES CONSEILLERS RÉGIONAUX : TOUTES DES PERSONNES ÉLUES, ELLES, PAR TOUS LES CITOYENS.

MAIS POURQUOI LES SÉNATEURS SONT ÉLUS DE CETTE FAÇON ?

PARCE QUE LES SÉNATEURS SONT CHARGÉS DE REPRÉSENTER LES COLLECTIVITÉS LOCALES, C'EST-À-DIRE LES VILLES, LES DÉPARTEMENTS ET LES RÉGIONS.

QUAND IL Y A UN PROJET DE LOI, CE SONT D'ABORD LES SÉNATEURS QUI L'EXAMINENT, PUIS C'EST AU TOUR DES DÉPUTÉS DE L'ASSEMBLÉE NATIONALE.

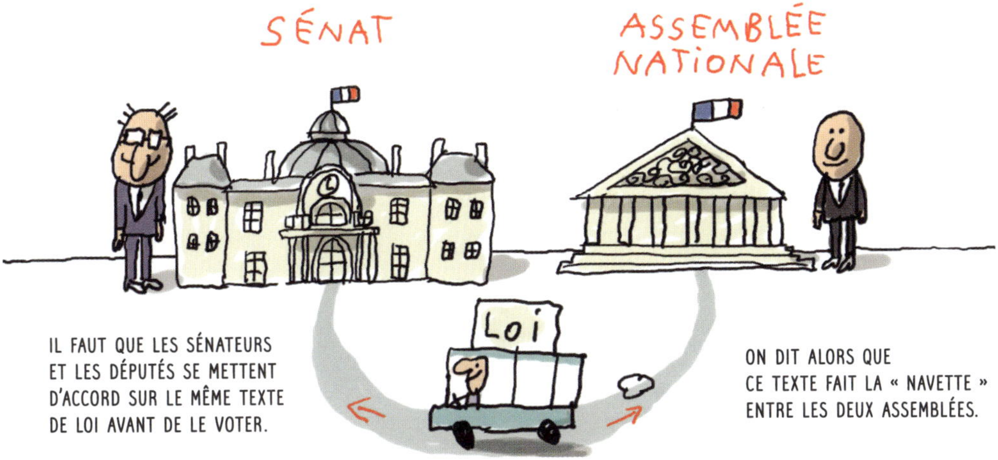

IL FAUT QUE LES SÉNATEURS ET LES DÉPUTÉS SE METTENT D'ACCORD SUR LE MÊME TEXTE DE LOI AVANT DE LE VOTER.

ON DIT ALORS QUE CE TEXTE FAIT LA « NAVETTE » ENTRE LES DEUX ASSEMBLÉES.

S'IL Y A DÉSACCORD, IL FAUT BIEN QUE QUELQU'UN AIT LE DERNIER MOT : CE SONT LES DÉPUTÉS QUI VOTENT LE TEXTE DÉFINITIF DE LA LOI.

EN REVANCHE, LE SÉNAT A UN GROS AVANTAGE SUR L'ASSEMBLÉE NATIONALE : LE GOUVERNEMENT N'A PAS LE DROIT D'ORGANISER DE NOUVELLES ÉLECTIONS POUR LE REMPLACER. LES SÉNATEURS, À LA DIFFÉRENCE DES DÉPUTÉS, NE PEUVENT PAS ÊTRE RENVOYÉS PAR LE GOUVERNEMENT.

ET LE PRÉSIDENT DU SÉNAT EST LE 2[E] PERSONNAGE LE PLUS IMPORTANT DE L'ÉTAT : IL PEUT MÊME REMPLACER LE PRÉSIDENT DE LA RÉPUBLIQUE, S'IL EST PAR EXEMPLE TROP MALADE POUR EXERCER LE POUVOIR.

COMMENT ON CRÉE UNE LOI ???

EN FRANCE, UNE LOI NE PEUT ÊTRE PROPOSÉE QUE PAR LE GOUVERNEMENT OU LE PARLEMENT.

LE GOUVERNEMENT, C'EST L'ENSEMBLE DES MINISTRES QUI SONT NOMMÉS PAR LE PRÉSIDENT DE LA RÉPUBLIQUE.

LE PARLEMENT EST COMPOSÉ DE DEUX GROUPES : IL Y A D'ABORD LES DÉPUTÉS DE L'ASSEMBLÉE NATIONALE, QUI SONT ÉLUS PAR TOUS LES CITOYENS, COMME TES PARENTS.

LE SECOND GROUPE EST LE SÉNAT, AVEC DES SÉNATEURS QUI SONT ÉLUS PAR D'AUTRES ÉLUS, COMME LES MAIRES.

QUAND CETTE NAVETTE EST TERMINÉE, LES DÉPUTÉS VOTENT LA LOI, QUI DOIT ÊTRE ENSUITE VOTÉE PAR LES SÉNATEURS.

MAIS, PARFOIS, LES DÉPUTÉS ET LES SÉNATEURS N'ARRIVENT PAS À SE METTRE D'ACCORD SUR UN MÊME TEXTE.

DANS CE CAS, CE SONT LES DÉPUTÉS QUI ONT LE DERNIER MOT ET QUI VOTENT LA LOI.

LE GOUVERNEMENT PEUT AUSSI DÉCIDER D'ADOPTER UNE LOI SANS LA PARTICIPATION DU PARLEMENT EN UTILISANT L'ARTICLE « 49-3 ».

CETTE PROCÉDURE EST TRÈS RARE ET SOUVENT CRITIQUÉE, CAR ÇA VEUT DIRE QUE LE GOUVERNEMENT NE TIENT PAS COMPTE DE L'AVIS DU PARLEMENT, QUI REPRÉSENTE LE PEUPLE.

POUR EN SAVOIR PLUS

• À quoi ça sert, le Sénat ? p. 67

ÇA VEUT DIRE QUOI, « DROITE » ET « GAUCHE », EN POLITIQUE ???

UN PARTI POLITIQUE RASSEMBLE DES PERSONNES QUI PARTAGENT LES MÊMES OPINIONS ET IDÉES. LEUR BUT EST DE SE FAIRE ÉLIRE POUR DIRIGER LE PAYS.

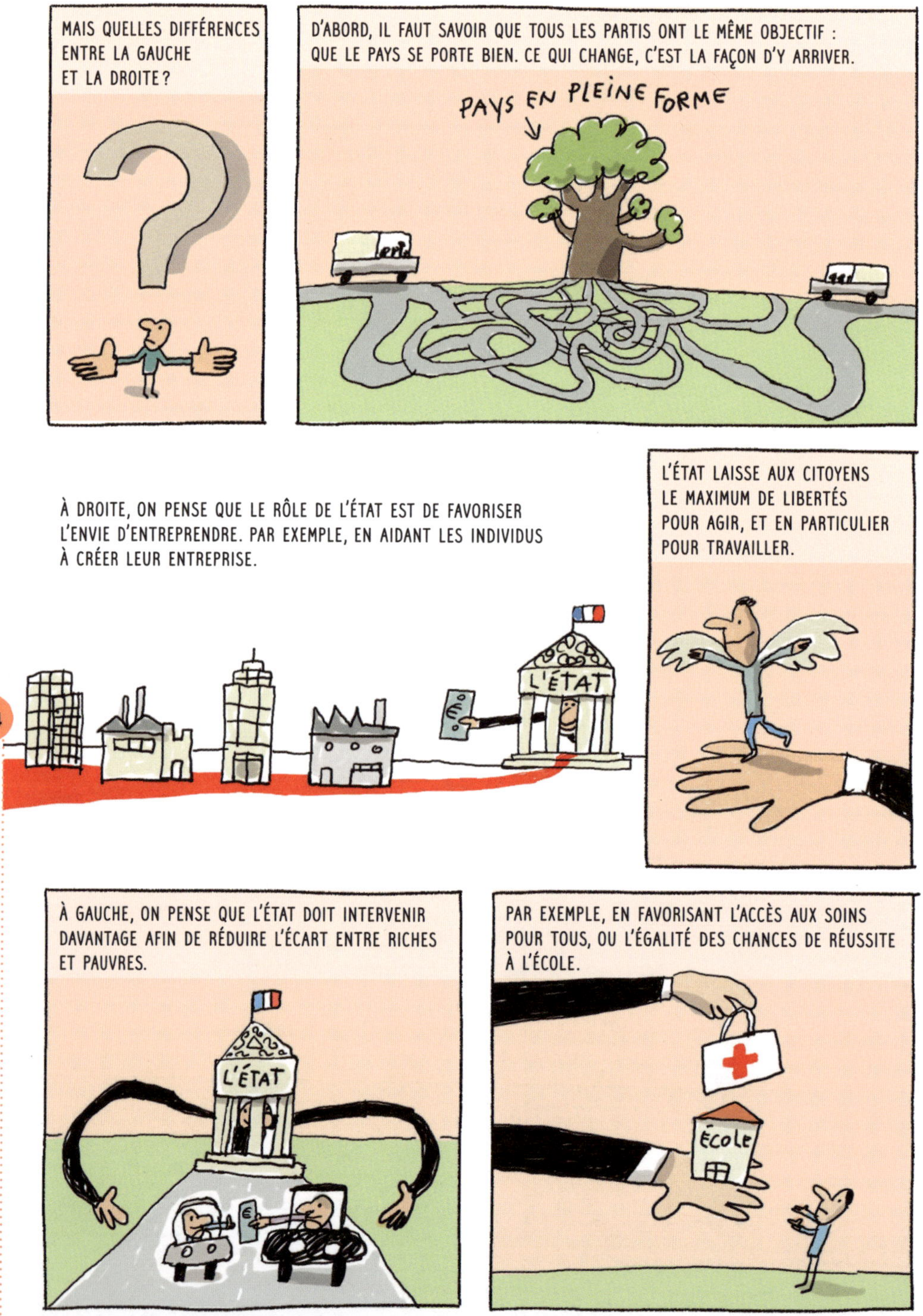
MAIS QUELLES DIFFÉRENCES ENTRE LA GAUCHE ET LA DROITE ?
D'ABORD, IL FAUT SAVOIR QUE TOUS LES PARTIS ONT LE MÊME OBJECTIF : QUE LE PAYS SE PORTE BIEN. CE QUI CHANGE, C'EST LA FAÇON D'Y ARRIVER.
PAYS EN PLEINE FORME
À DROITE, ON PENSE QUE LE RÔLE DE L'ÉTAT EST DE FAVORISER L'ENVIE D'ENTREPRENDRE. PAR EXEMPLE, EN AIDANT LES INDIVIDUS À CRÉER LEUR ENTREPRISE.
L'ÉTAT
L'ÉTAT LAISSE AUX CITOYENS LE MAXIMUM DE LIBERTÉS POUR AGIR, ET EN PARTICULIER POUR TRAVAILLER.
À GAUCHE, ON PENSE QUE L'ÉTAT DOIT INTERVENIR DAVANTAGE AFIN DE RÉDUIRE L'ÉCART ENTRE RICHES ET PAUVRES.
L'ÉTAT
PAR EXEMPLE, EN FAVORISANT L'ACCÈS AUX SOINS POUR TOUS, OU L'ÉGALITÉ DES CHANCES DE RÉUSSITE À L'ÉCOLE.
ÉCOLE

MAIS DES DIFFÉRENCES EXISTENT ENCORE, ET HEUREUSEMENT !
CAR, DANS UNE DÉMOCRATIE, IL EST IMPORTANT QUE TOUTES LES IDÉES S'EXPRIMENT.

POUR EN SAVOIR PLUS

- Qui était Jean Jaurès ? p. 22
- D'où provient l'argent des partis politiques ? p. 76
- C'est quoi, le Front national ? p. 79

D'OÙ PROVIENT L'ARGENT DES PARTIS POLITIQUES ???

UN PARTI POLITIQUE, C'EST UN RASSEMBLEMENT DE PERSONNES QUI PARTAGENT LES MÊMES IDÉES SUR LA FAÇON DE GOUVERNER UN PAYS.

POUR DÉFENDRE LEURS IDÉES, LES PARTIS PRÉSENTENT DES CANDIDATS LORS DES DIFFÉRENTES ÉLECTIONS : LES MUNICIPALES, LES LÉGISLATIVES, LA PRÉSIDENTIELLE...

MAIS UNE CAMPAGNE ÉLECTORALE, C'EST-À-DIRE LA PÉRIODE PENDANT LAQUELLE LES CANDIDATS SE FONT CONNAÎTRE, ÇA COÛTE ÉNORMÉMENT D'ARGENT !

IL FAUT LOUER DES SALLES, IMPRIMER DES AFFICHES, SE DÉPLACER DANS TOUT LE PAYS...

ALORS, COMMENT LES PARTIS POLITIQUES ARRIVENT À FINANCER LES CAMPAGNES ÉLECTORALES ?

LES ADHÉRENTS COTISENT POUR LEUR PARTI, MAIS CE N'EST PAS SUFFISANT.

PENDANT LONGTEMPS, LES PARTIS SE SONT DÉBROUILLÉS POUR TROUVER D'AUTRES SOURCES DE REVENUS : EN DEMANDANT À DES ENTREPRISES OU À DES PERSONNES TRÈS RICHES DE LES AIDER.

OR, DANS UNE DÉMOCRATIE, CE N'EST PAS ACCEPTABLE : TOUT LE MONDE DOIT DISPOSER DES MÊMES MOYENS POUR AVOIR LES MÊMES CHANCES D'ÊTRE ÉLU.

POUR EN SAVOIR PLUS

• Ça veut dire quoi, « droite » et « gauche », en politique ? p. 73

C'EST QUOI, LE FRONT NATIONAL ???

LE FRONT NATIONAL, OU FN, EST UN PARTI FRANÇAIS CRÉÉ EN 1972 PAR LE MOUVEMENT POLITIQUE « ORDRE NOUVEAU ».

CE MOUVEMENT POLITIQUE DÉFENDAIT DES IDÉES NATIONALISTES ET D'EXTRÊME DROITE. POUR LUI, IL FALLAIT DONNER LA PRIORITÉ À LA NATION FRANÇAISE, AU POINT DE REJETER LES ÉTRANGERS.

À PARTIR DES ANNÉES 80, LE FN A COMMENCÉ À ATTEINDRE DE BONS SCORES AUX ÉLECTIONS, JUSQU'À SE RETROUVER AU SECOND TOUR DE LA PRÉSIDENTIELLE EN 2002.

LA PRINCIPALE IDÉE DU FN, C'EST LA PRÉFÉRENCE NATIONALE. LE PARTI SOUHAITE QUE LES FRANÇAIS SOIENT PRIORITAIRES POUR OBTENIR DES LOGEMENTS, DES EMPLOIS ET DES AIDES DE L'ÉTAT.

LE FN VEUT LA SUPPRESSION DE L'EURO, QUI EST UNE MONNAIE COMMUNE À L'EUROPE, ET LE RETOUR AU FRANC.

LES IDÉES DU FN SÉDUISENT DE PLUS EN PLUS : AUX DERNIÈRES ÉLECTIONS EUROPÉENNES, 25 ÉLECTEURS SUR 100 ONT VOTÉ POUR CE PARTI.

LE DÉCOUPAGE DE LA FRANCE

1/ LES RÉGIONS

POUR BIEN COMPRENDRE LE FONCTIONNEMENT DE LA RÉPUBLIQUE, IL FAUT CONNAÎTRE LE DÉCOUPAGE GÉOGRAPHIQUE ET ADMINISTRATIF DE LA FRANCE.

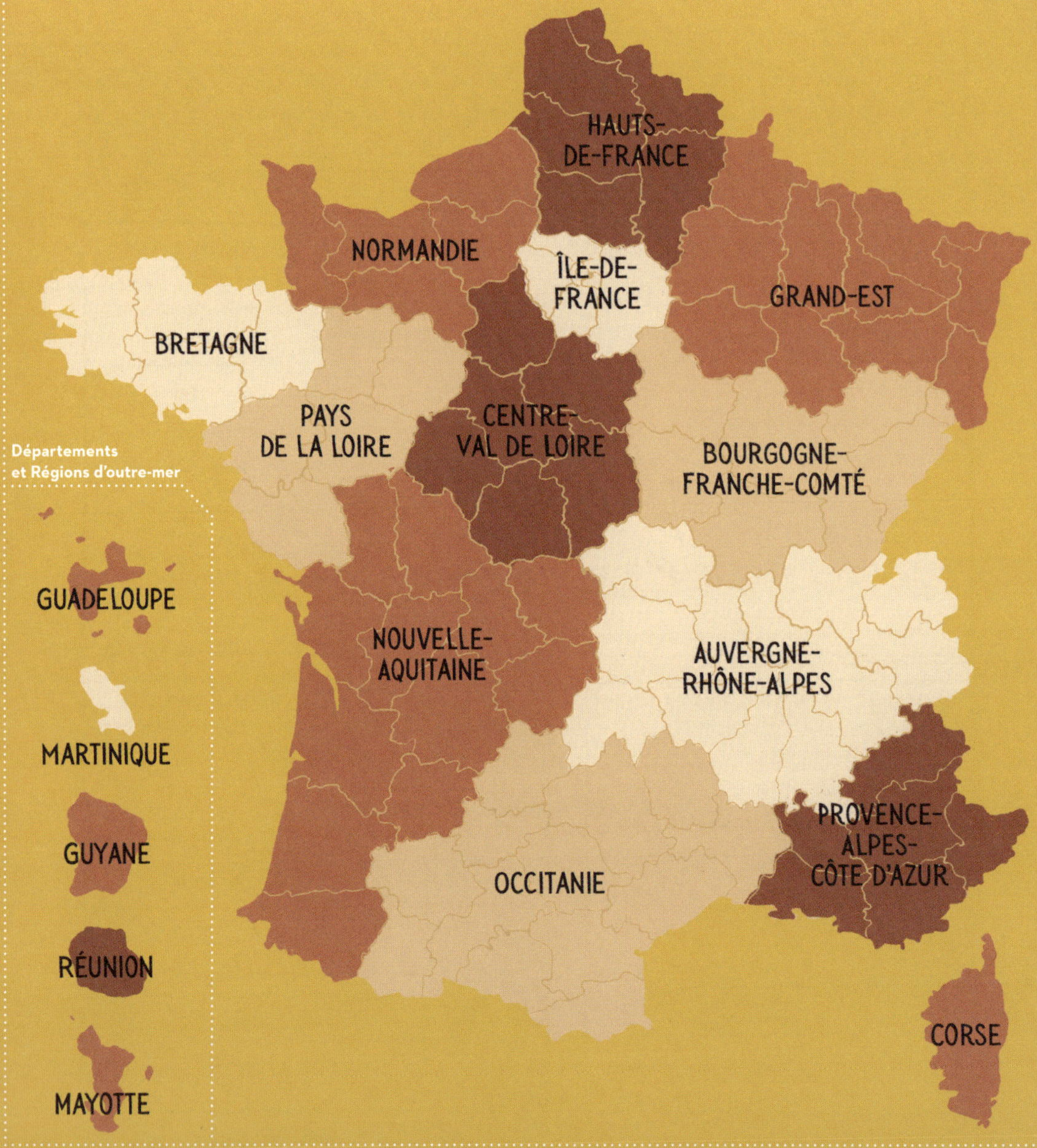

LA FRANCE COMPTE

18 RÉGIONS

101 DÉPARTEMENTS

36 763 COMMUNES

POURQUOI RÉDUIRE LE NOMBRE DE RÉGIONS ?

Depuis le 1er janvier 2016, la France métropolitaine compte 13 Régions au lieu de 22 (Corse comprise).

L'État a décidé de regrouper les Régions pour plusieurs raisons.

D'abord, faire des économies. Ensuite, rendre les territoires plus grands, et donc plus riches et plus peuplés.

LE CONSEIL RÉGIONAL

C'est l'assemblée qui dirige la Région.

Elle est composée de conseillers élus pour 6 ans.

La Région gère notamment les lycées, l'économie, l'environnement.

LES NOMS DES NOUVELLES RÉGIONS

AUVERGNE-RHÔNE-ALPES

BOURGOGNE-FRANCHE-COMTÉ

BRETAGNE

CENTRE-VAL DE LOIRE

CORSE

GRAND-EST

HAUTS-DE-FRANCE

ÎLE-DE-FRANCE

NORMANDIE

NOUVELLE-AQUITAINE

OCCITANIE

PAYS DE LA LOIRE

PROVENCE-ALPES-CÔTE D'AZUR

LE DÉCOUPAGE DE LA FRANCE

2/ LES DÉPARTEMENTS ET LES COMMUNES

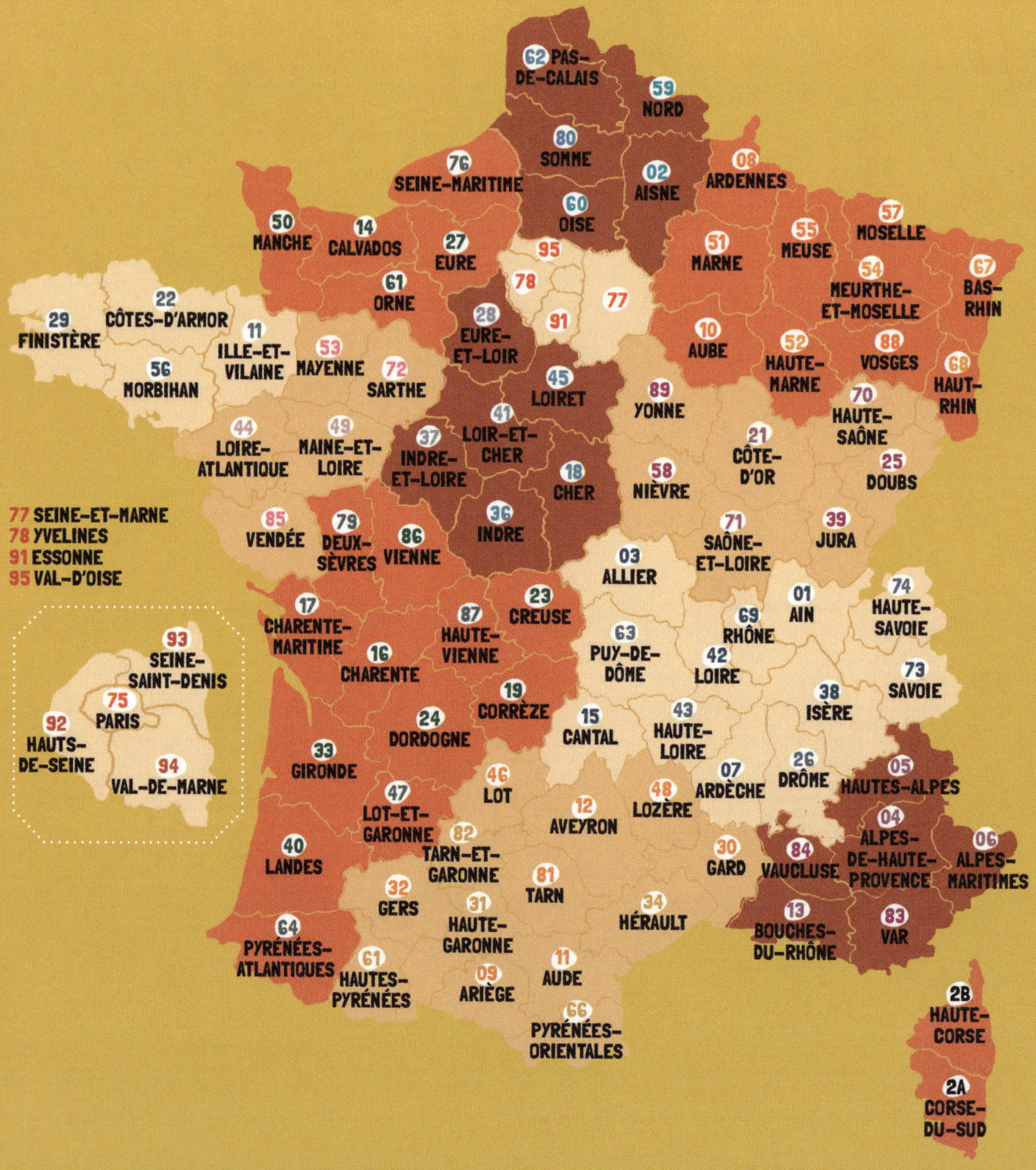

LE DÉPARTEMENT

Depuis la Révolution,

la France est divisée
en départements pour faciliter
rganisation administrative du pays.

département est lui-même divisé en
tons, arrondissements et communes.

LE CONSEIL DÉPARTEMENTAL

C'est lui qui gère l'argent
du département et intervient dans
de nombreux domaines : aide sociale
pour les personnes en difficulté,

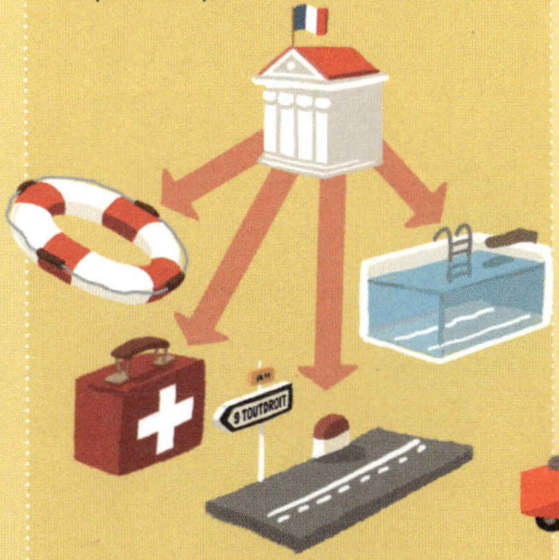

aide médicale, entretien des routes
départementales, équipements
sportifs…

LE PRÉFET

Ce haut fonctionnaire est nommé
en Conseil des ministres.

Il représente l'État
dans le département

et en dirige les services.

LES COMMUNES

Ce sont de grandes villes ou de petits villages de campagne. Il y a **36 763 COMMUNES** en France.

LE CONSEIL MUNICIPAL

C'est le conseil municipal
qui gère la vie de la commune.

Il est composé des conseillers
élus par la population lors des élections
municipales. Les conseillers sont élus
pour 6 ans, et leur nombre varie en fonction
du nombre d'habitants.

Après son élection,
le conseil municipal
élit le maire.

Il siège à la mairie et gère beaucoup de choses : l'entretien des espaces verts,
les papiers d'identité, le ramassage des ordures, les activités sportives,
les permis de construire, l'entretien des écoles…

LE CONSEIL MUNICIPAL DES JEUNES

De nombreuses communes
ont mis en place un conseil municipal
des jeunes.

Ils se réunissent pour faire
des propositions, comme des projets
d'installations sportives,
des collectes de fournitures scolaires
pour les plus défavorisés…

C'EST QUOI, UN MAIRE ? ? ?

LE MAIRE, C'EST UNE PERSONNE ÉLUE PAR LES HABITANTS D'UNE VILLE OU D'UN VILLAGE POUR DIRIGER CETTE COMMUNE ET Y ORGANISER LA VIE DE TOUS LES JOURS.

AINSI, CERTAINS MAIRES ONT DIRIGÉ LEUR VILLE OU VILLAGE PENDANT PLUS DE 60 ANS!

ATTENTION, LES TROIS PLUS GRANDES VILLES DE FRANCE, PARIS, LYON ET MARSEILLE, ONT UN MAIRE MAIS ONT AUSSI DES MAIRES D'ARRONDISSEMENT.

EN EFFET, CES GRANDES VILLES SONT DÉCOUPÉES EN PLUS PETITES ZONES, LES ARRONDISSEMENTS.

ET, POUR RECONNAÎTRE LE MAIRE DE TA VILLE, C'EST FACILE, C'EST CELUI QUI PORTE UNE ÉCHARPE TRICOLORE...

POURQUOI LA FRANCE EST DIVISÉE EN DÉPARTEMENTS ???

LES DÉPARTEMENTS, C'EST UNE LONGUE HISTOIRE : ILS SONT APPARUS DURANT LA RÉVOLUTION FRANÇAISE, IL Y A PLUS DE DEUX SIÈCLES !

ILS ONT D'ABORD ÉTÉ CRÉÉS POUR RAPPROCHER LES FRANÇAIS DES SERVICES PUBLICS COMME LE PALAIS DE JUSTICE OU LE CENTRE DES IMPÔTS.

À L'ÉPOQUE, LE DÉCOUPAGE DE LA FRANCE AVAIT ÉTÉ FAIT POUR QUE ÇA NE PRENNE PAS PLUS D'UNE JOURNÉE À CHEVAL POUR REJOINDRE LE CHEF-LIEU, LA CAPITALE DU DÉPARTEMENT.

AVANT, LES SERVICES PUBLICS N'EXISTAIENT EN EFFET QUE DANS LES GRANDES VILLES, SITUÉES PARFOIS À PLUSIEURS JOURNÉES DE VOYAGE.
TRÈS
TRÈS LOIN
AUJOURD'HUI, LA FRANCE EST DIVISÉE EN 101 DÉPARTEMENTS, DONT 5 EN OUTRE-MER, COMME LA GUADELOUPE OU LA RÉUNION.
101 DÉPARTEMENTS
GUADELOUPE
RÉUNION
ILS SONT DIRIGÉS PAR LES CONSEILLERS DÉPARTEMENTAUX, ÉLUS PAR LES FRANÇAIS.
CONSEILLERS DÉPARTEMENTAUX
VOTEZ POUR
PARMI LEURS MISSIONS FIGURE L'AIDE SOCIALE : LE CONSEIL DÉPARTEMENTAL SOUTIENT LES PERSONNES HANDICAPÉES, LES PERSONNES ÂGÉES, LES FEMMES ENCEINTES...
LES CONSEILLERS DÉPARTEMENTAUX SONT AUSSI CHARGÉS DE VERSER UNE AIDE AUX PERSONNES QUI N'ONT PAS ASSEZ D'ARGENT POUR VIVRE.
AIDE
DE PLUS, ILS SONT RESPONSABLES DE LA CONSTRUCTION ET DE L'ENTRETIEN DES COLLÈGES.
COLLÈGE

POUR EN SAVOIR PLUS

· C'est quoi, les dom-tom ? p. 92

C'EST QUOI, LES DOM-TOM ???

LES DOM-TOM, CE SONT LES DÉPARTEMENTS ET LES TERRITOIRES D'OUTRE-MER. EN CLAIR, DES PETITS MORCEAUX DE FRANCE DISPERSÉS DANS TOUS LES OCÉANS DE LA PLANÈTE.

DÉPARTEMENTS D'OUTRE-MER

TERRITOIRES D'OUTRE-MER

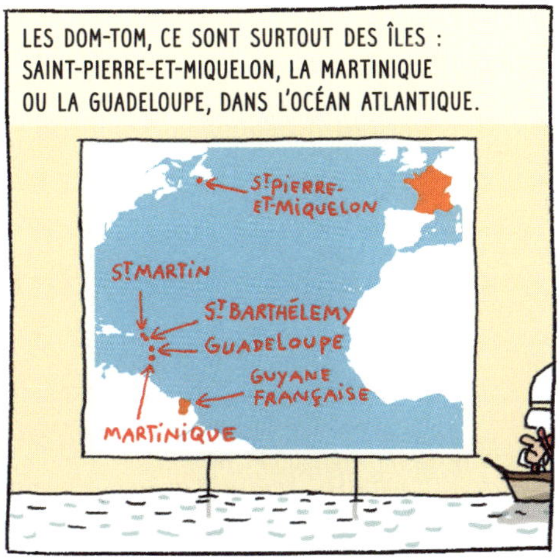

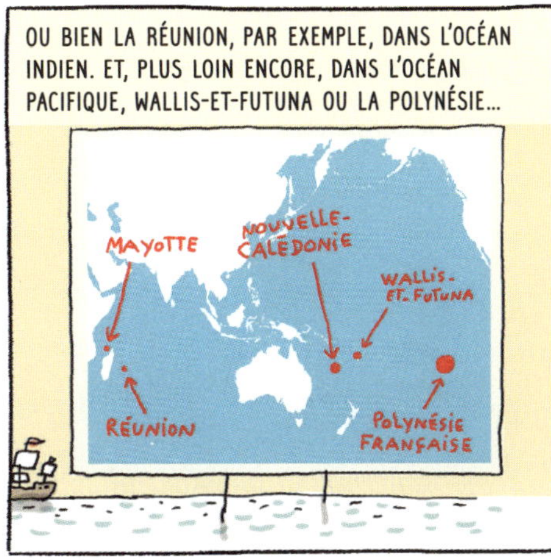

D'ABORD, ON Y PARLE FRANÇAIS. ET CHACUN ENTRETIENT UN LIEN PARTICULIER AVEC LA FRANCE, QU'ON APPELLE LA « MÉTROPOLE ».

POUR LES TOM, LES TERRITOIRES D'OUTRE-MER, QU'ON APPELLE DÉSORMAIS LES « COM » – LES COLLECTIVITÉS D'OUTRE-MER –, CE LIEN EST DE MOINS EN MOINS FORT.

POUR EN SAVOIR PLUS

• Pourquoi la France est divisée en départements ? p. 89

LA NOUVELLE-CALÉDONIE SE PRÉPARE AINSI À DEVENIR UN PAYS SOUVERAIN. ET LA POLYNÉSIE A SON PROPRE DRAPEAU ET PEUT CRÉER SES PROPRES LOIS.

MAIS POUR LES DOM, QUI SONT AUJOURD'HUI LES DROM (DÉPARTEMENTS ET RÉGIONS D'OUTRE-MER), LE LIEN AVEC LA MÉTROPOLE EST TRÈS FORT.

LES HABITANTS Y VOTENT AUX MÊMES ÉLECTIONS NATIONALES, ILS BÉNÉFICIENT DES MÊMES SERVICES.

C'EST LA FRANCE, MAIS DANS DES DÉCORS DE CARTE POSTALE, À 8 HEURES OU 12 HEURES D'AVION DE PARIS !

LES MÉTROPOLES

LES MÉTROPOLES REGROUPENT PLUSIEURS COMMUNES. LEUR RÔLE VA DEVENIR DE PLUS EN PLUS IMPORTANT, CAR ELLES RÉUNISSENT UNE GRANDE PARTIE DE LA POPULATION, DES EMPLOIS, DES ACTIVITÉS CULTURELLES...

LA MÉTROPOLE EST LA VILLE LA PLUS IMPORTANTE D'UNE RÉGION, SON CHEF-LIEU.

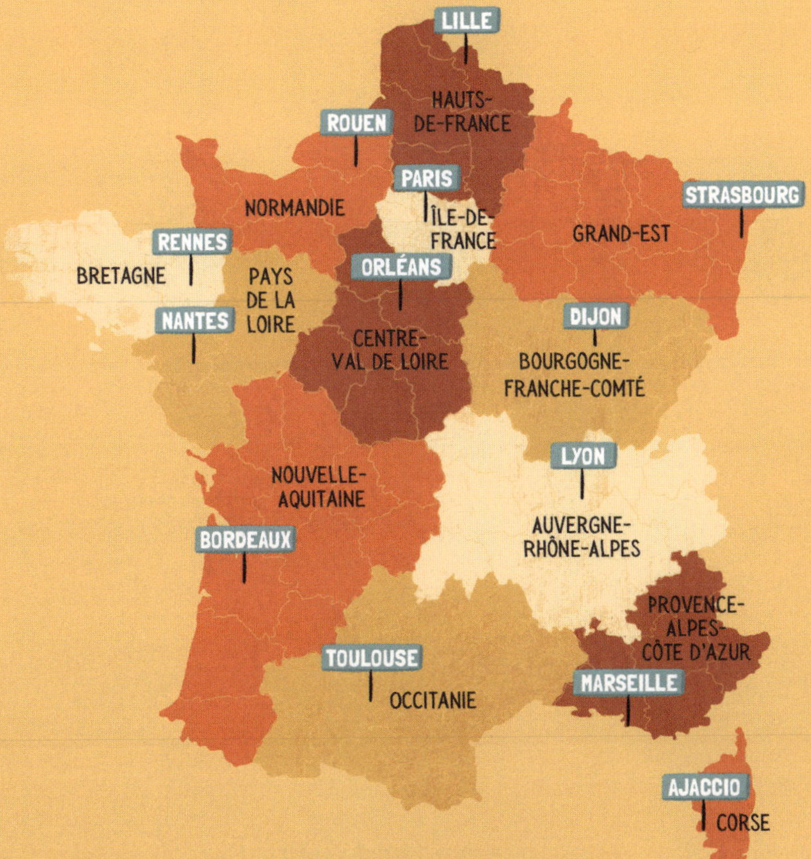

CHAPITRE 4

LA FRANCE DANS L'EUROPE

L'EUROPE SE CONSTRUIT PEU À PEU DEPUIS 1950, JUSTE APRÈS LA FIN DE LA SECONDE GUERRE MONDIALE. AUJOURD'HUI, L'UNION EUROPÉENNE COMPTE 28 PAYS MEMBRES.

28 PAYS MEMBRES

LE DRAPEAU

Le drapeau de l'Union européenne compte **DOUZE ÉTOILES** disposées en cercle sur un fond bleu.

L'EURO

Depuis le **1ER JANVIER 1999**, la plupart des pays de l'Union européenne utilisent une monnaie unique : l'euro.

LES INSTITUTIONS POLITIQUES DE L'EUROPE

LE CONSEIL DE L'UNION EUROPÉENNE

C'est lui qui a les pouvoirs les plus importants.

Le Conseil est formé des ministres des pays de l'Union.

Le Conseil est présidé pour six mois par chacun des pays à tour de rôle.

LA COMMISSION EUROPÉENNE

Installée à Bruxelles, elle est composée d'un représentant par pays.

Elle propose des lois européennes au Conseil et au Parlement européen.

Elle vérifie si les États membres respectent les décisions de l'Europe.

LE PARLEMENT EUROPÉEN

Il se compose de 751 députés élus pour cinq ans par les habitants des 28 pays de l'Union.

Les députés européens siègent à Strasbourg (en France) et à Bruxelles (en Belgique).

UN HYMNE

tiré de la neuvième symphonie de Beethoven : l'*Ode à la joie*.

UNE FÊTE

célébrée chaque année le **9 MAI**.

POURQUOI ON A CRÉÉ L'EUROPE ???

AU XXE SIÈCLE, DEUX GRANDES GUERRES ONT EU LIEU SUR LE CONTINENT EUROPÉEN : CELLE DE 1914-1918 ET CELLE DE 1939-1945.

LA PLUPART DES PAYS QUI COMPOSENT CE CONTINENT Y ONT PARTICIPÉ. IL Y A EU DES MILLIONS DE MORTS. LE CONTINENT EUROPÉEN A ÉTÉ DÉVASTÉ.

L'EUROPE EST NÉE DE CES CONFLITS MEURTRIERS. EN 1950, 6 PAYS, DONT LA FRANCE ET L'ALLEMAGNE, ONT RÊVÉ DE CONSTRUIRE ENSEMBLE UN ESPACE OÙ LA PAIX SERAIT DURABLE.

À CET ESPACE ON A DONNÉ
LE NOM D'« UNION EUROPÉENNE ».
LE RÊVE S'EST RÉALISÉ, ET LA PAIX
DURE DEPUIS PLUS 50 ANS.

CE N'EST DÉJÀ PAS FACILE POUR UN PAYS DE RÉSOUDRE CES QUESTIONS... ALORS, À 28, C'EST PARFOIS TRÈS COMPLIQUÉ !

POUR EN SAVOIR PLUS

- Pourquoi on a inventé l'euro ? p. 101
- Combien il y a de pays dans l'Union européenne ? p. 104
- Pourquoi l'Angleterre veut se séparer de l'Europe ? p. 113

POURQUOI ON A INVENTÉ L'EURO

EN 1999, 11 PAYS EUROPÉENS ONT REMPLACÉ LEUR MONNAIE NATIONALE PAR L'EURO.

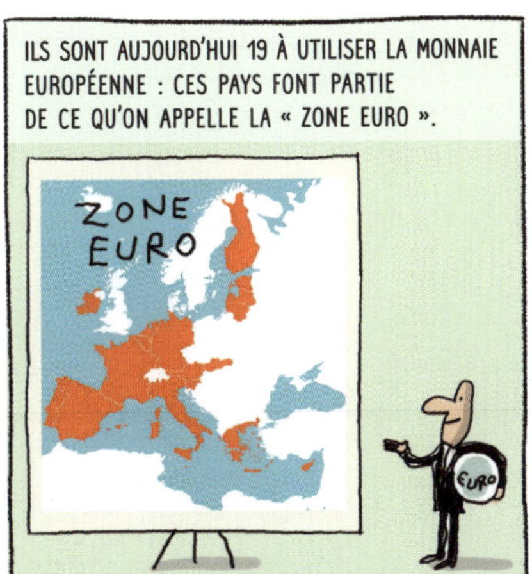

AVANT L'EURO, IL FALLAIT CHANGER DE MONNAIE QUAND ON ALLAIT DANS UN AUTRE PAYS EUROPÉEN.

PAR EXEMPLE, POUR SE RENDRE EN ESPAGNE, UN FRANÇAIS DEVAIT PASSER À LA BANQUE ÉCHANGER SES FRANCS CONTRE DES PESETAS.

C'ÉTAIT UN PEU COMPLIQUÉ, ET EN PLUS LA VALEUR DU FRANC ET CELLE DE LA PESETA VARIAIENT D'UNE ANNÉE À L'AUTRE.

AINSI, EN 1970 1 FRANC VALAIT 12 PESETAS, ET EN 1980 1 FRANC VALAIT 16 PESETAS. DIFFICILE, AVEC CES CHANGEMENTS, DE COMPARER LES PRIX ENTRE LES PAYS !

CES ÉCARTS ÉTAIENT AUSSI COMPLIQUÉS POUR LES ENTREPRISES QUI VENDAIENT LEURS PRODUITS DANS D'AUTRES PAYS EUROPÉENS.

POUR SUPPRIMER CES ÉCARTS, LE PLUS SIMPLE ÉTAIT DONC D'UTILISER LA MÊME MONNAIE DANS LES PAYS DE L'UNION EUROPÉENNE.

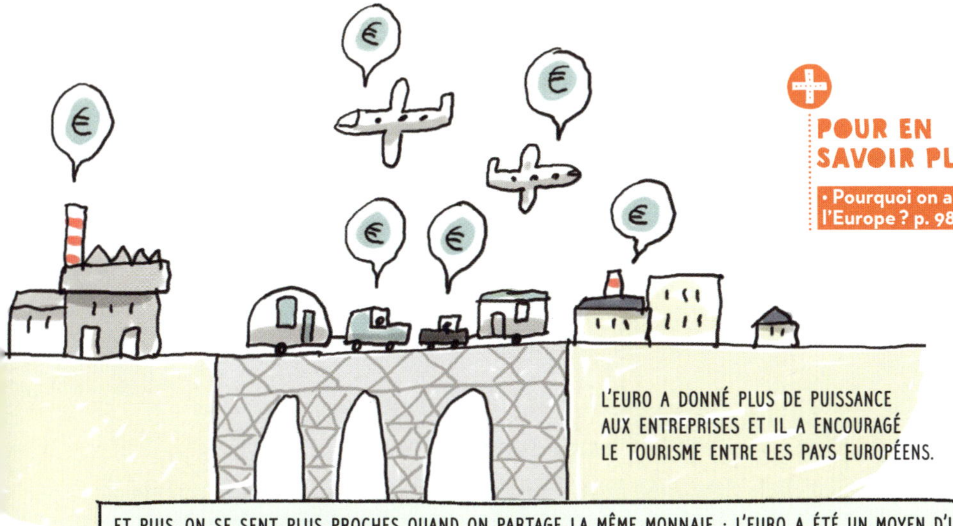

POUR EN SAVOIR PLUS

• Pourquoi on a créé l'Europe ? p. 98

COMBIEN IL Y A DE PAYS DANS L'UNION EUROPÉENNE ? ? ?

LE 9 MAI, ON FÊTE LA JOURNÉE DE L'EUROPE.
C'EST LA DATE ANNIVERSAIRE DE LA DÉCLARATION SCHUMAN DE 1950, LE TEXTE FONDATEUR DE L'UNION EUROPÉENNE (UE).

LES 6 PREMIERS MEMBRES DE L'UNION, EN 1957, ÉTAIENT L'ALLEMAGNE, LA BELGIQUE, LA FRANCE, L'ITALIE, LE LUXEMBOURG ET LES PAYS-BAS.

AUJOURD'HUI, L'UE COMPREND 28 ÉTATS, S'ÉTEND SUR 4,5 MILLIONS DE KM², ET COMPTE PLUS DE 500 MILLIONS D'HABITANTS.

DEPUIS, SEULS 3 AUTRES PAYS ONT REJOINT L'UE : LA BULGARIE ET LA ROUMANIE EN 2007, ET ENFIN LA CROATIE EN 2013.

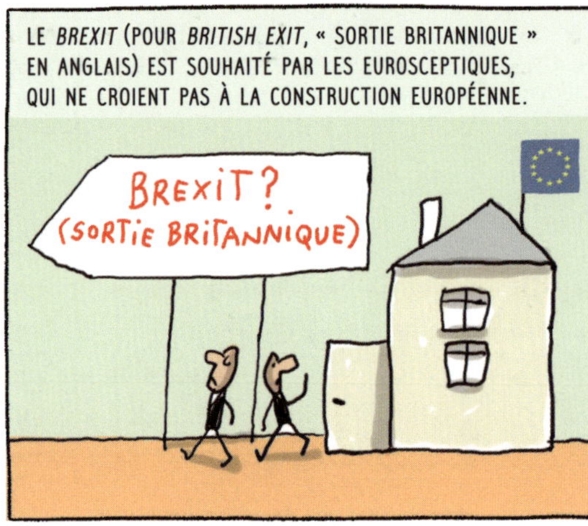

LE *BREXIT* POURRAIT ENTRAÎNER LA SORTIE DE L'UE D'AUTRES PAYS, COMME LA POLOGNE OU LA HONGRIE, OÙ LES EUROSCEPTIQUES SONT AU POUVOIR.

QUI A LE DROIT DE VOTER AUX ÉLECTIONS EUROPÉENNES

TOUS LES CITOYENS MAJEURS DES 28 PAYS DE L'UNION EUROPÉENNE ONT LE DROIT DE VOTER AUX ÉLECTIONS EUROPÉENNES. CES ÉLECTIONS ONT LIEU TOUS LES 5 ANS. LES PROCHAINES SE TIENDRONT EN 2019.

PLUS UN PAYS EST PEUPLÉ, PLUS IL ÉLIT DE DÉPUTÉS. LE PAYS LE PLUS PEUPLÉ, L'ALLEMAGNE, EN ÉLIT 96. LE MOINS PEUPLÉ, MALTE, EN ÉLIT 6.
96
6
ALLEMAGNE
MALTE
LES ÉLECTEURS FRANÇAIS ÉLISENT 74 DÉPUTÉS EUROPÉENS.
74
MAIS POURQUOI ON ÉLIT DES DÉPUTÉS EUROPÉENS ?
CES DÉPUTÉS FORMENT LE PARLEMENT EUROPÉEN, UNE ASSEMBLÉE QUI REPRÉSENTE TOUS LES HABITANTS DE L'EUROPE.
CE PARLEMENT EST SITUÉ DANS 3 PAYS : EN FRANCE (À STRASBOURG), EN BELGIQUE (À BRUXELLES) ET AU LUXEMBOURG.
LUXEMBOURG
BRUXELLES
STRASBOURG
carte
LE TRAVAIL DES DÉPUTÉS EUROPÉENS EST DE PRÉPARER ET DE VOTER DES LOIS EUROPÉENNES.
Loi

TOUTES CES LOIS SONT APPLIQUÉES DANS LES 28 PAYS DE L'UNION EUROPÉENNE.

POUR EN SAVOIR PLUS

• À quoi sert le président de la Commission européenne ? p. 110

À QUOI SERT LE PRÉSIDENT DE LA COMMISSION EUROPÉENNE

LA COMMISSION EUROPÉENNE EST L'UN DES ORGANISMES LES PLUS IMPORTANTS DE L'UNION EUROPÉENNE, UN GROUPE DE 28 PAYS DONT FAIT PARTIE LA FRANCE.

CERTAINS GOUVERNEMENTS EUROPÉENS NE SONT PAS TOUJOURS D'ACCORD AVEC SES DÉCISIONS, MAIS IL EST IMPOSSIBLE DE LE RENVOYER.

EN EUROPE OU À L'ÉTRANGER, SON BUT EST LE MÊME : RENFORCER LA SOLIDARITÉ DES PAYS EUROPÉENS POUR QU'ENSEMBLE ILS SOIENT PLUS FORTS.

POURQUOI L'ANGLETERRE VEUT SE SÉPARER DE L'EUROPE ? ? ?

LE 23 JUIN 2016, LES BRITANNIQUES ONT VOTÉ LORS D'UN RÉFÉRENDUM POUR DIRE SI, OUI OU NON, ILS VOULAIENT RESTER DANS L'UNION EUROPÉENNE.

LE « NON » L'A EMPORTÉ, ET LE ROYAUME-UNI A DÉCIDÉ LE *BREXIT*, OU *BRITISH EXIT* : LA SORTIE DU ROYAUME-UNI DE L'UE.

POUR SES PARTISANS, LE *BREXIT* PERMETTRAIT AU ROYAUME DE RETROUVER SON INDÉPENDANCE POLITIQUE VIS-À-VIS DE L'EUROPE.

AUJOURD'HUI, C'EST LA CINQUIÈME PUISSANCE ÉCONOMIQUE MONDIALE, DEVANT LA FRANCE.

POUR EN SAVOIR PLUS

• Pourquoi on a créé l'Europe ? p. 98

MAIS, EN CHOISISSANT LE *BREXIT*, ILS RISQUENT DE PERDRE LEUR PRINCIPAL PARTENAIRE COMMERCIAL : PRÈS DE LA MOITIÉ DE LEURS EXPORTATIONS SE FONT VERS L'UE.
?
?
?
NON MERCI
UNION EUROPÉENNE

ÇA SIGNIFIE AUSSI MOINS DE COOPÉRATION SCIENTIFIQUE, CULTURELLE ET ÉDUCATIVE AVEC LE RESTE DE L'EUROPE.
MOINS DE COOPÉRATION

ENFIN, L'ÉCOSSE, QUI AVAIT DÉJÀ FAILLI ROMPRE AVEC LE ROYAUME-UNI EN 2014, POURRAIT LE QUITTER AFIN DE RESTER DANS L'UNION.
GOODBYE
ROYAUME-UNI
ÉCOSSE
UNION EUROPÉENNE

LE PREMIER MINISTRE BRITANNIQUE, DAVID CAMERON, AVAIT NÉGOCIÉ DES AVANTAGES POUR LE ROYAUME-UNI AUPRÈS DE L'UE AFIN DE CONVAINCRE LES GENS DE VOTER « OUI ».
oui
DAVID CAMERON
AVANTAGES

MAIS ÇA N'A PAS SUFFI AUX EUROSCEPTIQUES, QUI VEULENT À TOUT PRIX « REPRENDRE LE CONTRÔLE » DE LEUR PAYS...
non

LES MOTS DE LA POLITIQUE

A

ABSTENTION

C'est le fait de ne pas participer à un vote.

AMENDEMENT

Modification apportée à un projet ou à une proposition de loi en discussion devant l'Assemblée.

ASSEMBLÉE NATIONALE

L'Assemblée nationale forme, avec le Sénat, le Parlement, chargé du pouvoir législatif. Ses membres sont les députés, qui sont élus au suffrage universel direct pour un mandat de 5 ans. Il y a 577 députés. L'Assemblée nationale se situe à Paris, au palais Bourbon.

C

CAMPAGNE ÉLECTORALE

C'est la période qui précède une élection, durant laquelle les candidats font leur promotion pour récolter le plus de voix possible.

CONSEIL DÉPARTEMENTAL

C'est l'assemblée élue qui gère les affaires du département.

CONSEIL MUNICIPAL

C'est une assemblée d'élus chargés de gérer les affaires d'une commune. Le conseil municipal est présidé par le maire. Dans certaines communes, il existe aussi un conseil municipal des enfants.

CONSEIL RÉGIONAL

C'est l'assemblée élue qui gère les affaires de la Région.

CONSTITUTION

C'est la loi fondamentale qui fixe les grandes règles d'un État. La Constitution définit le partage des pouvoirs (législatif, exécutif, judiciaire) et quelles sont les libertés garanties aux citoyens.

CONVENTION INTERNATIONALE DES DROITS DE L'ENFANT

La Convention internationale des droits de l'enfant (CIDE), ou Convention relative aux droits de l'enfant, est un traité international adopté par l'Assemblée générale des Nations unies le 20 novembre 1989.

D

DÉCENTRALISATION
L'État transfère une partie de ses pouvoirs aux collectivités locales (conseils régionaux et départementaux) pour gérer les affaires des territoires. Par exemple, les Régions assurent la construction des lycées, les départements celle des collèges, et les communes celle des écoles. Le préfet est chargé de surveiller la légalité des décisions prises par ces autorités locales.

DÉCLARATION DES DROITS DE L'HOMME ET DU CITOYEN
Ce texte très important a été adopté lors de la Révolution française, en 1789. Il fonde les grands principes de la démocratie : la liberté et l'égalité en droits des individus. « Les hommes naissent et demeurent libres et égaux en droits. Les distinctions sociales ne peuvent être fondées que sur l'utilité commune. »

DÉMOCRATIE
Ce mot vient du grec *dêmos*, « peuple », et *kratos*, « pouvoir », « autorité ». La démocratie est le régime politique dans lequel le pouvoir appartient au peuple (c'est le principe de souveraineté). Le peuple élit ses représentants en son nom pour une durée déterminée.

DÉPARTEMENT
Le département est une collectivité territoriale gérée par le conseil départemental. Les départements ont été créés en 1789. La France compte 101 départements.

DÉPUTÉS
Les 577 députés, élus pour 5 ans, sont les membres de l'Assemblée nationale. Les députés votent les lois et peuvent renverser le gouvernement par une motion de censure, s'ils ne sont pas d'accord avec sa politique.

E

ÉLECTIONS
Lors des élections, les citoyens choisissent leurs représentants politiques. Ils les élisent par le vote. Le président de la République, les députés, les conseillers régionaux, départementaux et municipaux sont élus au suffrage universel direct, directement par les citoyens.

ÉTAT
L'État représente une collectivité, un peuple, une nation sur un territoire. L'État exerce son pouvoir par le gouvernement.

G

GOUVERNEMENT
Le gouvernement, c'est l'organe qui dirige l'État. Le gouvernement est nommé par le président de la République et dirigé par le Premier ministre. Il est formé de tous les ministres. Il y a des ministres pour tous les domaines, comme les affaires étrangères, la sécurité intérieure, la culture...

L

LAÏCITÉ

La France est un pays laïc. Ça signifie que les pouvoirs de l'Église et de l'État sont séparés. La laïcité garantit à chacun sa liberté de conscience et de croyance religieuse. En matière religieuse, l'État est neutre : il ne favorise aucune religion.

LIBERTÉ D'EXPRESSION

C'est le droit pour toute personne de penser comme elle veut dans les domaines de la politique, de la philosophie, de la religion, de la morale... et de l'exprimer comme elle le souhaite. C'est une liberté fondamentale, inscrite dans la Déclaration universelle des droits de l'homme de 1789.

M

MANDAT

Acte par lequel une personne donne à une autre le pouvoir d'agir en son nom. En votant, les citoyens donnent des mandats aux hommes politiques. Les mandats sont limités dans le temps. Par exemple, le président de la République est élu pour 5 ans.

MANIFESTATION

C'est une action collective, un rassemblement ou un défilé dans un lieu donné. Les personnes manifestent pour exprimer leur mécontentement et leurs revendications, ou pour soutenir une cause.

MÉDIAS

Radios, chaînes de télévision, journaux : les médias sont l'ensemble des moyens pour diffuser l'information.

N

NATIONALITÉ

C'est l'appartenance à une nation. En général, la nationalité s'acquiert à la naissance : si tu es français, c'est parce que tes parents le sont ; c'est le droit du sang. Ou à la majorité, si on a vécu en France jusqu'à ses 18 ans : c'est le droit du sol. Mais on peut aussi obtenir la nationalité d'un pays à l'occasion d'un mariage par exemple, ou si on parle couramment la langue de ce pays.

O

ORGANISATION DES NATIONS UNIES

L'Organisation des Nations unies (ONU) a été fondée par 51 pays en 1945, après la Seconde Guerre mondiale, dans le but de préserver la paix dans le monde. Son siège est à New York, aux États-Unis.

P

PALAIS DU LUXEMBOURG

C'est dans ce palais, situé dans le 6e arrondissement de Paris, que siège le Sénat. Ce joyau de l'architecture a été construit au XVIIe siècle pour Marie de Médicis.

PANTHÉON

Ce monument situé à Paris, sur la montagne Sainte-Geneviève, abrite les grands personnages qui ont marqué l'histoire de France : de grands écrivains comme Victor Hugo ou Voltaire y sont enterrés. Mais aussi de grands hommes politiques comme Jean Jaurès et André Malraux. Le mot *Panthéon* vient d'un mot grec qui signifie « tous les dieux ».

PARLEMENT

Le Parlement est composé de deux chambres : l'Assemblée nationale et le Sénat. Son rôle est de voter les lois et de contrôler l'action du gouvernement.

PARLEMENT EUROPÉEN

Il est composé des 751 députés européens. Ceux-ci sont élus au suffrage universel direct pour 5 ans. Le Parlement européen siège à Strasbourg, à Bruxelles et au Luxembourg. Il a trois rôles principaux : voter les lois de l'Europe, surveiller le bon fonctionnement des institutions européennes, et voter le budget de l'Europe.

PARTI POLITIQUE

Un parti politique est un groupe de personnes qui partagent les mêmes intérêts, les mêmes opinions, les mêmes idées, et qui s'associent pour se faire élire, exercer le pouvoir et mettre en œuvre un projet politique ou un programme communs.

R

RÉFÉRENDUM

C'est une consultation des citoyens par le biais du vote. Les citoyens doivent répondre par oui ou non à une question posée. C'est un acte de démocratie directe.

RÉGION

En France, les Régions sont des territoires qui regroupent plusieurs départements. La France métropolitaine comptait 22 régions, mais, depuis le mois de janvier 2016, les Régions sont au nombre de 13.

RÉPUBLIQUE

Ce mot vient du latin *res publica* : la « chose publique ». C'est un système politique dans lequel le pouvoir appartient au peuple. Celui-ci exerce le pouvoir directement ou par l'intermédiaire de ses représentants élus. Il y a des républiques démocratiques, comme la France. Et des républiques monarchiques : le Royaume-Uni et l'Espagne par exemple.

S

SCRUTIN

C'est la manière de réaliser une élection. Quand les électeurs votent pour élire un député ou le président de la République, ils se rendent au bureau de vote. Ils choisissent le candidat pour lequel ils veulent voter dans l'isoloir, et glissent le bulletin dans une enveloppe puis dans l'urne.

SÉNAT

Ce mot vient du latin *senatus*, le « conseil des anciens ». Le Sénat est une des deux chambres, avec l'Assemblée nationale, chargées d'élaborer et de voter les lois. Le Sénat est situé à Paris, au palais du Luxembourg.

SÉNATEURS

348 sénateurs siègent au Sénat. Ils sont élus pour 6 ans au suffrage universel indirect, par les grands électeurs : conseillers municipaux, départementaux, régionaux et députés. Le Sénat est renouvelé pour moitié tous les 3 ans.

SONDAGE

Enquête menée sur une partie de la population pour connaître les opinions sur un sujet. Par exemple, pendant une élection présidentielle, pour savoir quel est le candidat qui a le plus de chances de l'emporter.

SOUVERAINETÉ

Ce terme vient d'un mot latin qui signifie « supérieur ». La souveraineté, c'est le principe de l'autorité suprême et le droit d'exercer cette autorité. En France, la souveraineté appartient au peuple.

SUFFRAGE UNIVERSEL

Le suffrage, c'est le droit d'exprimer son opinion. Quand il est universel, ça signifie que le droit de vote est accordé à tous les citoyens majeurs d'un pays. En France, le suffrage universel est récent, puisque les femmes n'ont obtenu le droit de vote qu'en 1944.

U

UNION EUROPÉENNE

C'est l'association de 28 pays européens dans les domaines politique et économique pour assurer le maintien de la paix et le progrès économique. L'UE a été créée par le traité sur l'Union européenne, signé à Maastricht (Pays-Bas) en 1992. Elle est l'héritière d'un processus initié en 1951 avec la création de la Communauté européenne du charbon et de l'acier.